아파트 관리소장입니다

이종극 수필집
아파트 관리소장입니다

2024년 9월 5일 초판 1쇄 발행

지은이 이종극 | 펴낸이 김은영 | 펴낸곳 북나비
출판신고 2007년 11월 29일 제380-2007-00056호
주소 04992 서울시 광진구 자양로9길 32 4층(자양동)
전화 (02)903-7404,   팩스 02-6280-7442
booknavi@hanmail.net
블로그 www.booknavi.co.kr

ⓒ 이종극 2024
ISBN 979-11-6011-134-7 03810

※ 이 책의 저작권은 저자에게 있으며 출판권은 북나비에 있습니다.
※ 이 책의 전부 또는 일부를 이용하시려면 저작권자와 북나비의 동의를 받아야 합니다.
※ 책값은 뒤표지에 있습니다. 잘못된 책은 바꾸어 드립니다.

아파트 관리소장입니다

이종극 수필집

책을 내며

내 책 한 권을 갖고 싶었다. 십여 년 전, 관리소장으로 어느 정도 안정을 찾았을 때였다. 퇴직 후 안정된 노후생활 기반을 빨리 마련해야 한다는 조급함에 자영업을 운영하였으나, 채 2년을 버티지 못하고 원점으로 돌아왔다. 신중함의 결여와 '나는 할 수 있다.'라는 막연한 자신감, 온실 밖 세상에 대한 무지함의 결과였다. 더는 물러설 곳이 없는 상황에서 취득한 자격증이 주택관리사였다.

결혼 후 40년을 아파트에 살면서도 아파트가 어떻게 돌아가며 관리되고 있는 것인지 관심 두지 않았다. 매달 나오는 관리비, 전기요금이 얼마인지 한 번 훑어보는 정도였고, 부과된 관리비는 동대표와 관리소 사람들이 알뜰하게 살핀 결과물이라는 생각은 그때나 지금이나 마찬가지다. 그런 내가 아파트 관리소장으로 13년을 맞이하고 있다.

우리 사회의 축소판 같은 공동주택, 아파트에는 다양한 사람들이 모여 사는 곳이기에 많은 일이 일어난다. 갓난아기와 노인, 남과 여, 빈자와 부자, 관심과 무관심, 친절과 배려가 있고 갑질과 진상도 있다. 따뜻한 미소와 신뢰의 시선이 있는 반면에 불신의 냉소와 차가운 눈초리도 있다. 하루 몇 번의 시끌벅적함과 산중의 암자 같은 적막함이 교차하기도 한다. 이곳이 일터인 사람들이 있다. 관리소장, 경리, 시설관리직원, 경비원, 미화원이 그들이다.

세대수에 따라 열 명 미만에서 수십 명인 이들에겐 그런 아파트가 일터요 직장이다. 그들 또한 아파트에 살며 아침 일찍 자신의 아파트에서 다른 아파트로 출근한다. 보통 사람들의 일터가 사무실, 공장, 가게 또는 공공기관이나 산업현장인 것에 비해 타인의 쉼터요, 주거공간이 그들에겐 일터요 직장이다.

십 년 넘게 관리소장을 하며 다양한 사람을 만나고 많은 일을 경험하는 것은 현재도 진행형이며, 미래에도 진행형일 것이다. 마음 따뜻하고 즐거운 일, 아프고 힘들었던 이야기를 공유하고, 공감을 기대하며 느낀 대로 글로 썼다. 뒤늦게 수필 공부를 하며 그 이야기를 수필적 형식으로 다듬고 가족, 이웃의 이야기와 함께 이 한 권의 수필집에 담았다.

수필집 발간까지 지도와 격려, 더러 채찍질을 마다하지 않으신 서금복 선생님께 감사함을 전한다. 입주민과 관리소장으로 시작된 인연이 스승과 제자가 된 후 등단에 이어 수필집 발간까지 선생님의 지도와 격려 없이 불가능한 일이었다. 내 책 한 권이란 필생의 과제 하나를 그 인연 덕분으로 해결할 수 있었다. 등단은 글쓰기의 시작에 불과하니 끊임없이 정진해야 한다는 말씀을 가슴에 새긴다. 부족하고 빈 곳이 많은 내 양식의 창고를 하나씩 채워가리라. 아직은 부족함이 많은 글이다. 더 나은 글과 못다 한 이야기는 두 번째 책에 담아내겠다는 다짐을 해본다.

관리소장으로 부족한 부분을 내 일처럼 챙겨준 동료 소장, 기쁨과 아픔을 함께 나눈 직원들에게 고마움을 전하며, 지금 이 시각에도 전국의 아파트 관리 현장에서 땀 흘리고 있는 동료들에게 격려와 응원을 보낸다. 또 '민들레 책방'이란 글쓰기의 터전을 흔쾌히 마련해 준 '전아모' 카페 운영진과 수필 문학의 길을 서로 밀고 끌어주는 '참좋은문학회'의 소중한 문우들께도 감사드린다.

끝으로 미소 띤 얼굴로 하늘에서 내려다보고 계실 부모님과 묵묵히 지켜보며 마음으로 성원해준 아내와 사랑하는 우리 가족 그리고 어려웠던 시절, 두 아들 대신 집안의 기둥 역할을 다해 준 두 분 누님께 이 책을 바친다.

2024년 9월
이종극

축하의 글

어쩌구리반의 어쩌다 반장님

서금복 | 수필가

그와 나는 몇 개월 동안 매주 월요일 오후 5시 반쯤에 만났다. 1~2분 정도 차이는 있었지만, 그의 차가 우리 아파트 뒷문 쪽에 대기하고 있거나 내가 그의 차를 기다리곤 했다. 매번 누가 볼세라 잽싸게 차에 오르면 그도 동네를 빠져나갈 때까지 액셀을 밟았다. 그러나 걱정했던 것과는 달리 우리를 눈여겨 본 사람은 없었던 모양이다. 3년이 지난 지금까지 우리 아파트 관리소장님과 주민인 내가 심상치 않은 관계라는 소문이 없는 걸 보면 말이다.

코로나가 어느 정도 진정되었지만 강사나 수강생 모두 마스크를 써야 했던 시절에 그는 나의 권유로 구리문화원에서 열리는 수필 교실 수강생이 되었다. 내가 그에게 수필 강의를 들으라고 적극 추천했던 이유는 개인적인 자문을 해주기

싫어서였다. 코로나가 한창일 때, 앞집 아저씨가 원고 뭉치를 가져왔다. 우리 아파트 관리소장님의 원고를 나보고 봐달라고 할 때, "이렇게 하는 게 예의가 아니니 직접 나와서 강의를 들으세요."라고 나는 다소 신경질적으로 반응했었다. 앞집 아저씨를 내세워 자기 글을 보여주는 태도가 은근히 미웠기에 수필 강의에 꼭 참여하라고 했다. 강의 시간도 직장인을 위해 저녁 6시 반이니 얼마나 좋은 조건이냐고 밀어붙였다.

그러면서도 '설마.' 했는데 그는 단번에 '그러마.' 했고 강의하러 가는 나를 매주 월요일마다 차에 태웠다. 그것만으로도 고마운데, 그는 뒷자리에 시원한 음료까지 준비해 놓는 센스도 있었다. 물론 나도 공짜로 타지 않으려고 애를 썼다. 그는 강의실에 도착할 때까지 평소 궁금해하던 '문학'에 관해 물었고 나는 내가 알고 있는 거면 뭐든지 말해주려고 애썼다. 하지만 시간이 흐를수록 그 찻삯이 얼마나 형편없는 것인지 깨닫게 되었다. 그의 독서량이나 문학에 대한 갈망과 진정성이 넓고 깊었다. 또한 그는 이미 여러 단체에서 글 잘 쓰는 사람으로 소문나 있었고 그 증거로 여러 공모전에서 상을 받기도 한 실력가였다. 게다가 그는 타인에 대한 배려와 겸손함도 갖고 있어서 내가 섣불리 그를 미워한 게 아닌가 하는 반성도 하게 만들었다. 심지어 나보다 연배인 그는 강의 시작과 끝에 사무실로 내려가 강의 내용을 전하고 수업 장면을 사진으로 찍어 제출해야 하는 수필반의 반장 역할도 말없이 해주었다.

그해 수업이 있었던 월요일엔 왜 그렇게 많은 비가 내렸는지…. 녹내장이 있는 소장님에겐 그런 날 운전하기 어려운 상태였을 거라는 것도 몇 개월 후 수업이 끝날 때쯤 알게 되었다.

그렇게 몇 개월을 보내고 수료식을 한 후 그를 포함한 몇 분이 계속 수업을 받았으면 해서 지금의 '어쩌구리반'이 만들어졌다. 그가 나를 만나 '어쩌다 반장'을 했고, 어쩌다 보니 등단도 했다고 하기에 내가 농담 삼아 "그러면 우리가 구리에서 수업했으니 이 반 이름을 어쩌구리반으로 하세요."라고 했다. 모임 이름엔 장난기가 섞였지만, 이 반만큼 열심히 하는 반도 없다. 작년 한 해 동안 참석 인원 전원이 결석 없이 한 달에 두 편씩, 수필 24편을 썼다.

나는 요즘 그의 첫 수필집 원고를 보고 있다. '어쩌구리반'에서 가장 먼저 등단한 그가 수필집을 내겠다고 했을 때는 처음부터 교정을 봐 주지 않겠다고 했다. 문예지를 한 달에 한 권씩 내는 일에 참여하다 보니 늘 시간에 쫓겨 허덕거리기 일

쏟였다. 그런데 쏟아지는 빗속을 뚫고 월요일마다 강의실로 데려다준 그의 성의가 자꾸 떠올라 예의상 수필집 교정본을 보기 시작했는데 페이지를 넘길 때마다 글 읽는 재미가 붙었다.

우선 그의 글에는 인간미가 담뿍 들어있다. 몇십 년 금융권에 있었으면 상당히 계산적이고 냉철할 것 같은데, 그의 글에는 이웃 사랑이 넘친다. 그것도 애써 노력하거나 꾸미는 게 아니라 어린 시절 부모님의 사랑을 받고 자란 어른이 가질 수 있는 따뜻함이 자연스럽게 묘사되어 글을 읽는 마음을 순하게 만든다.

또 하나, 그의 글을 읽다 보면 부모님께는 효자이고 형과 누나에 대한 사랑 역시 극진하다는 걸 알 수 있다. 처가 식구나 아내, 아들, 딸, 손녀에 이르기까지 그가 보는 이들은 한결같이 사랑스러우니 그것은 그의 눈길이 곱지 않고는 불가능한 거라고 짐작하게 만든다.

불이 난 이웃집을 보살피는 배려, 오래전 본인이 선물한 액자를 간직하는 죽마고우에게 느끼는 우정 등 그의 글은 편편이 사랑이었다. 그런 데다 그의 글 곳곳에는 유머까지 담겨 있으니 그의 책 한 권을 읽는 게 지루하지 않았다.

수필가로 들어선 지 얼마 되지 않았지만, 책 한 권을 내고도 남을 만큼 수필을 쓰고 있는 그가 문학의 길을 쉬지 않고 걷 길 바란다. 지금은 다른 아파트 소장으로 가셨지만, 나는 지금도 월요일 오후 5시 반쯤이 되면 소장님과 구리시로 향하면서 차 안에서 나누었던 숱한 문학 이야기를 생각한다. 내가 먼저 걸은 문학의 길이라고 그에게 너무 겁주었던 건 아닐까, 행여 그의 자존심을 다치게 한 것은 아닐까, 문득문득 반성한다.

다행히 그는 한 달에 두 번, 3년 전과는 반대 방향에서 달려와 '어쩌구리반' 수업을 듣는다. 직업과 나이가 각각이지만, 몇 년째 똑같은 추어탕을 먹어가며 서로의 삶을 나눈다. 그의 유머 덕분에 가끔 웃어가면서···.

얼마 후 그의 첫 수필집이 나오면 그가 문학의 길을 걷는 속도는 지금보다 빨라질 것이다. 그래도 서두르지 말고 차분한 마음으로 어쩌구리반 문우들과 손잡고 천천히, 오래 걸었으면 좋겠다.

서금복: urisaijo@hanmail.net

1997년 『문학공간』 수필, 2001년 『아동문학세상』 동시, 2007년 『시와 시학』 시로 등단. 수필집 『수필 쓰기에 딱 좋은 사람들』, 동시집 『상봉역에서 딱 만났다』, 시집 『세상의 모든 금복이를 위한 기도』 등. 우리나라좋은동시문학상, 한국수필문학상 등 수상. 현재 월간 『한국수필』 편집장.

축하의 글

첫 수필집을 내는 동생에게

이은향

축하한다.

아버지, 어머니의 좋아하시는 모습이 제일 먼저 떠오르네. 2년 전 수필작가로서 등단에 이어 너만의 책이 나온다니 한 아름의 축하를 전한다. 바쁘고 힘든 시간을 보내면서도 내면의 너를 찾아 열심히 노력하는 모습에 마음속으로 많은 응원을 보내기도 했었다. 막내이면서도 네 앞에 주어지는 일들을 마음을 다해 모두가 좋아하는 방향으로 결말을 이루어내는 착한 '키다리 아저씨' 같은 너였다.

오래전 아버님의 유품을 정리하다 당신의 일상을 메모하신 수십 권의 수첩에 적힌 글을 살펴볼 기회가 있었지. 어느 날 눈에 띄게 힘주어 쓰신 글귀 하나가 눈에 들어왔다. "내 아들이 최고다." '뭐지? 뭔데 아버지께 이런 찬사를 받았지?'

'그래, 그때 쓰신 글이구나.' 하는 생각과 함께 한 편의 드라마처럼 그날의 일들이 찬란한 빛으로 떠올랐다. 그때는 다 헤아리지 못한 아버님의 기쁨을….

유난히도 더위가 심했던 그해였다. 장남인 네 형 집에 계시는 부모님을 뵈러 갔다가 아버님이 "덥기는 덥다." 하시는 말씀이 마음에 쓰였는지 네가 아버님을 모시고 강원도나 같이 다녀오자 하여 갑자기 출발하게 되었지. '거동도 불편하시고 날도 더운데…'라는 걱정이 앞섰지만 나이 드신 부모님께 바다 구경시켜 드리겠다고 마음먹은 네가 고맙기도 하였다. 그러면서 차 안에서 구경하고 회나 좀 드시게 하려니 생각했었다.

맨 먼저 도착한 곳이 하조대였다. 그런데 도착하자마자 넌 아버님을 등에 업고 하조대를 오르기 시작했었지. 처음에는 보는 나도 당황스럽고 이게 가능할까 하는 마음에 걱정이 앞섰다. 중간중간 쉬며 오르는 네 모습에 많은 시선이 향했었지. 그러기를 얼마 후, 전망대에 도착 후 네 등에서 내린 아버님의 눈빛은 마치 꿈을 꾸는듯하셨다. 그때 아지랑이가 피는 듯한 아버지의 눈빛을 아직도 잊을 수가 없다. 나이가 더 먹은 누나지만 나는 생각조차 해본 적이 없는 일을 해내는 네 모습에 동생이기 전에 멋진 동화 속의 사람을 보는 듯 멋진 사람으로 다가왔었다.

 '우리 막내, 대단해.' 그런 후 다시 내리막길을 내려와 거진 바닷가에 도착했었지. 탁 트인 바다를 마주하며 모래벌에 준비해 온 비치 의자를 펼쳐 아버님을 앉혀드렸지. 밀려드는 파도에 발을 적시며 당신의 마음으로 쓰신 그 글귀 한 구절 "내 아들이 최고야!"였다.

 멋진 훈장을 받았음을 감히 축하한다고 전해본다. 네 글이 모두의 가슴에 따뜻한 마중물이 되기를 바란다.

2024년 여름에
누나가

아파트 관리소장입니다

이종극 수필집

우리 사회의 축소판 같은 공동주택, 아파트에는 다양한 사람들이 모여 사는 곳이기에 많은 일이 일어난다. 그곳에서 아파트 관리소장으로 13년을 맞이하고 있다.

차례

책을 내며 4
서금복 | 어쩌구리반의 어쩌다 반장님 7
이은향 | 첫 수필집을 내는 동생에게 12

1. 또 다른 내일을 위하여

또 다른 내일을 위하여 23
어느 봄날 31
층간 소음이 주고 간 선물 35
센스 만점 MZ 새댁 39
이런 이웃도 있네요 44
모과나무는 말이 없다 50
경비원 김 씨 54
갑을보다 동행 59
기다리는 마음 64
이 빠진 식칼 사건 68
우리 동네, 남의 동네 75
남자의 계절 79
작은 인연 83
가는 사람, 오는 사람, 기다리는 사람 88
해프닝, 반전, 엔딩 101

2. 콩나물 심부름

일기일회 117

콩나물 심부름 121

흑백 사진과 성적표 127

노익장 영감님의 쾌차를 기원합니다 133

파주 가는 길 140

스님과 신발 145

부르지 못한 노래 150

집밥 156

홈트와 목트 161

플루리움 뉴스 167

특별한 당신 172

귀환 176

네가 첫 번째다 182

예단을 보내며 187

사랑하는 남의 할아버지 190

엄마, 나 반장 됐어 194

독일 이웃 제시카 199

다시 바라본 한쪽 길 저만치에서 누군가 내게 손짓을 하고 있다. 망설이는 내 마음을 잘 안다는 듯 미소 띤 얼굴로 이 길은 내가 가 본 길이니 두려워 말고 나와 길동무하여 같이 가자며 오라 한다. 그래, 저 길로 가자.

3. 길을 묻다

어떤 인연 205

늘그막에 큰 감투를 쓰게 되리라 210

길을 묻다 215

두 번째 선생님 219

새내기 작가에게 무슨 이런 일이 224

천사를 만나다 229

곰칫국 한 그릇 234

단골 이야기 239

오늘 하루는 내가 일등이다 245

액자 한 점 249

수리파 원칙 254

돌 부스러기 259

고스톱을 치고 싶다 263

명자, 아끼꼬, 필자 267

수필 쓰기에 딱 좋은 시간 271

연식(年食)이 오래되어 275

1.
또 다른 내일을 위하여

앞으로 남은 삶이 짧지 않기에 그 경험 깊이 새겨 되풀이하진 않을 것이다. 내 삶의 다음 단계를 위해 지금 그리고 앞으로 무엇을 준비해야 하는지를 그 시행착오를 통해 알 수 있었다. 마지막 종착지가 아닌 지금의 현실에 안주하지 않고 내일의 도약을 위해 무엇을 더 준비해야 하는지 잊지 않겠노라 다짐해 본다.

또 다른 내일을 위하여

어느 봄날

층간 소음이 주고 간 선물

센스 만점 MZ 새댁

이런 이웃도 있네요

모과나무는 말이 없다

경비원 김 씨

갑을보다 동행

기다리는 마음

이 빠진 식칼 사건

우리 동네, 남의 동네

남자의 계절

작은 인연

가는 사람, 오는 사람, 기다리는 사람

해프닝, 반전, 엔딩

또 다른 내일을 위하여

"이(예비) 소장님, 내일부터 실습 나가셔야 하는데 가능하십니까?" 수화기 너머로 인사팀장 목소리를 듣는 순간 그토록 기다렸던 취업이 현실로 다가온 듯한 느낌에 반가움과 함께 설렘이 밀려왔다. 자격증 취득 후 곧 취업이 될 거라는 기대와는 달리 지난 몇 개월간 구직활동에서 스무 차례 이상 탈락의 쓴맛을 보았기에 발령을 예고하는 실습 통보는 얼마나 반갑고 설렜는지….

고교졸업 후 사회생활을 시작한 첫 직장에서 퇴직하기까지 금융업 한 업종에서만 재직하였기에 재직 시 경험과 거리가 먼 주택관리 업종은 생소할뿐더러 관련 지식이나 구축한 인맥이 전혀 없었다. 나름 그동안의 직장경력과 보유 자격이면 그리 어렵지 않게 재취업할 수 있으리라 생각했으나 공채모집, 개별 모집공고에 의한 응모 외에는 달리 취업 경로에 대해 아는 바가 없어 큰 애로를 겪고 있었다. 그간 수십 통의 지원서를 보냈으나 모두 예외 없이 탈락한지라 심적으로 많이 지친 상태였다. 그 무렵 모임에서 만난 건설회사 임원인 중학 동창에게 저간의 사정을 얘기하고 도움을 청한 지 불과 열흘 만에 현장실습 근무를 통보받은 것이다. 다음날 그해 가장 추웠던 영하 17도의 날씨에 평촌에 있는 아파트 관리사무소로 첫 출근을 했다. 이후 약 한 달간의 실습을 마치고 지금의 근무지에 부임한 지 8개월여, 이제 업무 수행에 약간의 여유를 갖게 된 지금 돌이켜보면 내 경우 아주 운이 좋은 경우라 생각하며 도움을 준 모든 이에게 감사한 마음이다.

고교졸업 후 금융기관에 입사한 후 그 시절 대부분 직장인이 그랬듯이 회사를 평생직장으로 알고 퇴직 시까지 36년간을 집보다 회사를 우위에 두고 상사와 선배들을 모셨고 열심히 근무했다. 좋은 상사들을 만난 덕분으로 재직 중 대학과 대학원을 마칠 수 있었고, 봉급쟁이의 꽃이요, 꿈이라는 임원으로 승진했으니 회사에 감사한 마음으로 열심히 근무했을 뿐 고용환경이 불안정한 지금의 직장인들처럼 투잡 등에 신경 쓸 필요가 없었다. IMF 시절 본인들의 의사와는 상관없이 직장을 떠나야 했던 많은 선배, 동료를 보며 회사에 감사한 마음으로 한눈팔지 않고 주어진 직무에 충실하는 것이 도리라는 생각에서 몇 번의 이직 제의도 큰 망설임 없이 넘기고 퇴직을 맞이하였다. 퇴직 후 회사에서 마련해 준 사무실에 3개월 동안 나가면서 비로소 정말 준비 없는 퇴직을 했다는 후회와 함께 생활 안정을 위한 방편을 빨리 마련해야겠다는 조급함과 불안감이 밀려오기 시작했다.

임원 승진 발령을 받은 날 인사차 들른 인사 담당 임원인 대학 선배로부터 "이젠 퇴직 후를 생각해야지."라는 말에 당연한 축하와 격려의 말을 기대했던 나로선 퇴직 운운하는 선배의 말이 무슨 소린가도 했고 서운함도 있었다. 수많은 선배의 퇴직 후의 삶을 지켜본 선배로서 아끼는 후배에게 해주는 의미 있는 한마디였음은 한참 후에야 알 수 있었다. 퇴직하더라도 그간 사회생활에서 체득한 지식과 경험 등을 고려할 때 재취업은 무난하리라 생각했다. 또 사업을 하더라도 큰 욕심 부리지 않고 나름의 형편과 상황에 맞는 아이템을 찾아 요량껏 꾸려간다면 퇴직 이후의 삶은 예전 같진 않아도 최소한의 인간적 품위를 유지할 수 있을 것이며, 또 충분히 해낼 수 있을 거라 생각하였다. 그러나 그 근거 없고 막연한 자신감이 얼마나 허황하고 무모한 것이었는지 깨닫기까지는 그리 오랜 시간이 필요하지 않았다.

퇴직 후 안정된 생활기반을 마련하기까지 가족여행도 잠시 보류하기로 하고, 먼저 퇴직한 동료, 선배들을 만나 그들의 이야기도 듣고 퇴직 후의 생활 설계와 재취업 지원강좌 등을 찾아다니는 동안 6개월이란 시간이 흘렀다.

재직시절 IMF 이후 도입된 Compliance 제도의 초창기부터 참여하여 Compliance Officer(준법감시인) 및 Internal Control(내부통제) 분야의 책임자 경력은 전문성을 인정받을 수 있었다. 이를 바탕으로 헤드헌터 업체 등을 통한 외국계 금융기업으로 재취업을 시도하였다. 몇 차례의 면접도 했으나 3~5배수의 후보자 중 최연장자이고 해당 기업 CEO는 10여 년 연하인 데다 완전치 못한 어학 실력 등으로 기회를 움켜잡지 못했다. 어떻게 극복해야 할지, 무엇을 더 보완해야 하는지, 무역센터 중견 전문인력 고용지원센터의 재취업지원 프로그램에 참여하여 강사님의 조언을 새기며 센터에서 보내오는 취업 정보자료 등을 참고하여 그나마 제한적인 재취업의 문을 계속 두드려 보았으나, 오십 후반이란 핸디캡으로 내가 지닌 조건과 효용가치가 그들이 원하는 적정범위 밖에 있음을 실감했을 따름이다. 어떡하든 새로운 돌파구를 찾아야 했고 아직은 가장의 권위와 자존심을 내려놓을 수 없었기에 마음은 점차 조급해졌다. 퇴직 직후 취득한 중장비 조

종사 자격증을 활용한 구직활동과 고향 친구 제의로 시작한 건설자재 납품사업도 환경적 문제로 4개월간 공들여 어렵게 따낸 도로공사 현장 납품이 무산됨에 따라 일 년이란 시간의 낭비와 허탈감만 더했을 뿐 또다시 원점으로 돌아와야 했다. 그 후 창업박람회에서 무점포 소자본 1인 창업이 가능한 점에 이끌려 시작한 욕실 리폼 사업도 6개월 후 나 같은 초보자가 의욕과 꿈만으로 진입했다간 백전백패할 수밖에 없다는 뼈아픈 경험과 값비싼 수업료만 치렀을 뿐이었다. 무역센터 강좌 때 어느 강사님의 말처럼 "치밀한 계획수립과 확실한 판단이 설 때까지 새로운 일을 벌이지 않는 것도 현명한 투자입니다."라는 기본적이고 상식적인 조언이 왜 그때는 머리에 들어오지 않았을까. 결국, 수중에 얼마 남지 않은 돈마저 가맹비, 기계와 재료구매비, 계약보증금 등으로 다 소진되고 나서야 '사업은 내가 가야 하는 길이 아닌가 보다.' 하는 때늦은 후회와 허탈감만 더했다. 퇴직 전 존경하고 절친했던 선배의 권유로 투자한 인도네시아 무연탄 수입 사업에 투자한 자금도 회수가 요원해져 버린 그때의 심정은 정말 벼랑 끝이었다.

이후 그때까지 겪은 경험에 비추어 사업 아닌 분야로 나이 제한이 덜한 일자리 쪽으로 물색하였다. 자격증 취득과 연계할 수 있는 분야로 공인중개사, 주택관리사를 놓고 고심 끝에 주택관리사 자격을 취득하기로 하고 6개월간을 절박한 심정으로 하루 15시간 이상 책과 씨름하여 자격을 취득하였다. 자격 취득 이후 곧 취업이 될 것으로 기대하고 직무수행과 연관된 관련 교육 이수와 자격을 준비하며 주택관리사로 취업의 문을 두드렸으나, 부동산 경기 침체와 맞물려 신규 일자리가 창출되지 않아 취업은 그야말로 바늘구멍이요 별 따기였다.

국내 유수 위탁관리사의 신규 공채에는 내부 기준인 나이 제한에 걸려 서류심사에서 매번 탈락하였다. 더 보낼 곳도 마땅치 않아 소규모의 용역업체를 운영하는 직장 선배를 찾아 취업 경로에 대한 조언을 구했으나, 특별한 네트워크가 없이 취업하기엔 지금의 환경이 너무 어렵다며 위로의 말만 듣고 돌아섰다. 정형화된 방식만으론 취업이 어렵겠다는 판단에 현장의 실제적인 취업 현실과 취업 경로 및 현장 근무자의 조언을 얻기 위해 '전국 아파트·주상복합 관리자 등의 모임(전아모)' 카페에 가입하였다. 두 달여 동안 100편 이상의 글을 게재하며 대부분 현직 근무자인 그들로부터 현장의 취업 현실과 그들이 들려주는 취업 현장의 이야기를 참고하며 정보수집 겸 그들과 교분을 쌓아 나갔다. 그해 말 카페 송년 모임에서 만난 고향 후배의 조언에 따라 그간 시도해 온 공식적이고 정형화된 방법만으로는 한계가 있음을 깨닫고 내 주변의 모든 네트워크를 최대한 활용하기로 했다. 현직 소장으로 근무 중인 친척, 아내 고교 동창의 남편, 위탁관리회사 임원으로 퇴직한 인척 형님 등 그간 스스로 취업의 문을 뚫어 보겠다는 편협한 생각을 버리고 모든 네트워크를 동원하여 연결되는 사람들을 만나 도움을 청했다. 지금의 직장에 연결해 준 중학 동창은 이 단계에서 마지막으로 만난 경우다.

무역센터 교육 수강 시 강사님께서 "우리 사회에서 취업 또는 재취업에 성공한 퇴직자들의 경로를 분석해 보면 개인적인 네트워크를 활용하여 재취업의 기회를 얻는 경우가 가장 많으며 이게 현실이다. 이를 간과하지 말아야 한다."라는 말이 새삼 떠올랐다. 진작 그들에게 털어놓고 도움을 청했더라면 어땠을까? "퇴직 이후 재취업은 본인의 보유 역량과 자격조건보다는 이러한 네트워크가 더 효과적이다."라는 조언을 그때는 왜 귀담아 두지 못했는지. 철저한 준비 없이 창업하거나, 전원생활의 꿈만으로 귀농에 성공할 수 없다는 평범한 진리를 수없이 듣고 봤으면서도 "나는 다를 것이다. 잘 해낼 수 있다."라는 그 근거 없는 오만함은 도대체 어디서 연유했던 것인지….

  주택관리사 자격 취득을 위해 학원 등록한 지 꼭 1년 만에 재취업에 성공할 수 있었음은 참으로 다행스러운 일이며 이후 8개월이 지난 지금 300여 세대 작은 규모이나마 관리소장 경력을 쌓아가고 있는 지금의 현실 또한 얼마나 감사한 일인지 알고 있다. 퇴직 후 조급한 마음에 이런저런 일을 벌인 결과로 입은 상처는 절대 작지 않다. 하지만 그 시행착오와 쓴 경험이 쓸모없진 않을 것이다. 앞으로 남은 삶이 짧지 않기에 그 경험 깊이 새겨 되풀이하진 않을 것이다. 내 삶의 다음 단계를 위해 지금 그리고 앞으로 무엇을 준비해야 하는지를 그 시행착오를 통해 알 수 있었다. 마지막 종착지가 아닌 지금의 현실에 안주하지 않고 내일의 도약을 위해 무엇을 더 준비해야 하는지 잊지 않겠노라 다짐해 본다. 오늘에 이르기까지 재취업에 크고 작은 도움을 주신 많은 분께 다시 한번 깊은 감사의 마음을 전해 올린다.

(2012 한국 무역센터 중견 전문인력 고용지원센터 중장년 재취업 수기 공모전 대상 수상)

어느 봄날

봉화산 기슭에 자리하고 있는 근무지는 700여 세대. 일상에서 늘 마주하는 이웃들이 오순도순 살고 있다. 서울의 동북 방향에 경기도와 맞닿아 있고 서울을 둘러싸고 있는 산들이 지척이라 도심보다 공기도 한결 맑고 차다.

해마다 이맘때면 관리동 화단에 홍매화를 선두로 산수유, 목련, 벚꽃, 살구꽃, 개나리, 민들레가 저마다 자태를 뽐내며 봄의 전령임을 과시한다. 경로당 뒤뜰 최고령 목련은 수백 송이 꽃망울에 우윳빛 속살을 살포시 드러내 보이고, 꽃 중의 왕 모란은 그 벙근 모습만으로 보는 이의 마음을 설레게 한다. 5월의 여왕이라는 장미는 수천 송이 몽우리를 가시 돋은 줄기에 실어 울타리를 점령하고 도로변 화단에 집성촌을 이룬 벚나무 꽃잎들은 가는 실바람에도 온몸을 떨어댄다. 서산 너머 해님 지고 도시에 어둠이 내리면 가로등 불빛 아래 꽃잎들의 무도회가 펼쳐진다. 까만 하늘 눈부신 가로등 불빛 아래 꽃잎들의 춤의 경연 펼쳐지면 그 현란한 춤사위에 보는 눈이 다 황홀해진다.

봄소식을 전하는 건 어디 꽃들 뿐이랴. 이른 아침, 참새 가족을 시작으로 대여섯 종의 새들이 번갈아 날아든다. 출석 체크라곤 해본 적이 없건만 요즘 같은 봄날이면 하루를 안 거른다. 높다란 가지 위에 자리 잡고 무슨 수다를 그리 떨어대는지 십 년 만에 열린 동창회 모습 같다. 실컷 재잘거리다 떠나간 나무 아래에 출근부 사인하듯 흔적을 꼭 남긴다. 느티나무 옹이를 화풀이하듯 쪼아대던 외톨박이 딱따구리 녀석은 요즘 재택근무 중인지 소식이 뜸하다. 11층 수연이네 할머니가 채반에 널어 말리던 가자미 여섯 마리를 몽땅 물고 내뺀 직박구리 오 형제는 화가 난 할머니가 벼르는 줄 모르는지 또다시 기웃댄다. 관리동 앞마당을 한가로이 뒤뚱대며 산책 중인 까마귀 부부도 반갑다. 커다란 덩치 탓에 가자미 절도범으로 오인한 할머니의 물바가지 세례와 작대기 찜질을 면한 건 내 해명 덕분인 줄 모르는지 아직 고맙다는 인사도 없다. 까치 한 쌍도 빼놓을 수 없다. 팔등신 몸매에 흑백 연미복의 단정한 차림이나 성격은 이름대로 까칠한지 직박구리 녀석들이 이리저리 쫓겨 다닌다.

바쁜 하늘과는 달리, 땅 위는 한가롭기 그지없다. 울타리 틈새를 자동문 삼아 제집처럼 드나드는 길냥이 녀석들도 빼놓을 수 없는 단지 식구다. 관리동 앞 E동 지하 계단 아래에서 새끼 네 마리를 출산한 얼룩 냥이를 비롯해 한 녀석도 전입신고는커녕 방문증조차 끊는 일이 없다. 전입신고를 하지 않아 몇 가구인지 알 수 없으나 눈에 띄는 녀석들로만 어림해도 대여섯 가구는 될 것 같다.

관리소 뒷담장을 무시로 넘나드는 까망 냥이 저 녀석이 대장 냥이다. 얼굴이 익어서인지 나와 마주쳐도 동그란 눈만 더 크게 뜨고 바라볼 뿐 피할 기색이 없다. 마치 눈싸움이나 얼음 땡 놀이하듯 미동도 하지 않고 쳐다본다. 나보다 전입 일자가 빠른 때문인지 쳐다보는 눈초리가 좀 건방지다. 조만간 저 녀석을 길냥이 대표 자격으로 회의실로 불러 지하 계단은 묵인할 테니 지하 주차장 차량 위에 올라가 잠자는 소행은 삼가라는 협상을 해야 하나 회담 성과는 알 수 없다. 이들 모두가 빼놓을 수 없는 단지 식구다. 도심에서 누리기 어려운 자연환경의 선물이자 작은 호사가 아닐 수 없다.

자연환경을 닮아서인지 사람들의 성정도 착하고 어질다. 며칠 전 주민 한 분이 관리소에 오셨다. 무슨 일로 오셨냐고 묻기도 전 연일 환경정비 작업에 수고가 많다며 음료수 상자를 탁자 위에 내려놓았다. 감사하다며 커피라도 한잔하시라는 말에 손사래 치며 총총히 되돌아가셨다. 여느 단지의 관리소 풍경이기도 하나 그런 이웃들로 업무의 고단함을 털어낸다.

여덟 번째 맞이한 내 집 같은 근무지 어느 봄날의 풍경이다.

이번 봄은 왠지 좋은 일이 많을 것 같은 느낌이다. 불의의 사고, 분쟁, 머리 아픈 민원이 발생하지 않고 입주민 모두가 건강하게 하늘과 땅 위의 단지 식구들과 더불어 무탈하고 평안한 봄이 되어 내 예감이 적중하길 소망해본다.

층간 소음이 주고 간 선물

준공 30년 차 아파트라 가장 많은 민원이 주차와 층간 소음 관련 민원이다. 허용 주차면의 두 배에 이르는 차량이 등록되어 주차 문제는 딱히 근본적 해결방안 마련이 어려우나 층간소음은 다르다. 건물 층간의 두께가 얇다는 하드웨어적 문제로만 치부할 수 없는 소프트웨어적 문제이기 때문이다. 몇 달 전이다. 층간소음 민원이 접수된 다음 날 민원인이 방문하여 저간의 사정을 설명하였다. 남편이 3교대 근무자라 낮에 잠을 자고 저녁에 출근해야 하는데 아래층에서 무시로 들려오는 악기 소리 때문에 잠을 이루지 못한다고 했다. 소리의 주범은 트럼펫과 피아노라며…

트럼펫과 피아노라! 왜 하필 트럼펫이지? 색소폰이면 한결 덜 할 텐데… 다음 날 아래층을 방문하여 위층의 사정과 민원 내용을 전달하였다. 민원 내용을 들은 아래층은 마뜩잖은 표정이다. "고교생인 아들이 음악 쪽으로 진로를 잡고 있어 일주일에 두 번 방과 후 학원에 다닌다. 수업이 없는 날 집에서 연습한다기에 방음공사를 했다. 피아노는 취미생활로 얼마 전에 시작했고 소음방지를 위해 돈을 들여 피아노 내부에 음 소거 장치를 달았다. 달리 연습할 곳도 없는 아파트라 이웃에 피해가 없도록 방음공사와 소음 장치까지 했음에도 새어나가는 소리까지 어떡하느냐. 그 정도는 양해해 줘야 하는 것 아니냐." 억울함에 힘이 실린 항변이었다.

    양측 모두 제기할 만하고 항변할만했다. 아래층 나름의 주의와 노력이 인정되는 점에서 위층의 입장만을 대변하기 난감했다. 그리 전달하겠으나 위층의 입장도 좀 생각해 주시라는 말을 남기고 돌아오며 대화의 내용을 곱씹어 보았다. 경험상 민원인은 본인의 관점에서 주장하기에 대부분 언성을 높인다. 그러나 이번은 다르다. 양측 모두 자신의 상황과 입장을 차분하게 설명하고 동의를 구했다. 어쩌면 잘 해결될 것 같은 느낌이었다.

    방문 결과를 전달하며 한가지 보탰다. 서로 대화가 될 것 같으니 한 번 만나보는 게 어떻겠냐고. 마침 층간소음위원회 간사가 이 동의 대표자이니 자리 주선을 부탁드리겠다고 했다. 잠시 침묵이 흐른 후 언제, 어디에서 하느냐고 물었다.

의논 후 알려드리겠다 하고 양자 대면 주선을 대표자에게 부탁했다. 다음 날 회의실에서 처음 상면한 두 사람 간의 대화는 생각보다 길었으나 잘 해결되었고 드라마 같은 반전도 있었다고 전하는 대표자의 목소리는 평소보다 톤이 높았다.

민원 내용과 경과, 양측의 반응 등 소소한 내용까지 전달했고, 대표자 본인의 역량도 발휘되어 어렵지 않게 해결되었다고 했다. 비어있는 경로당 지하층을 주 2회 트럼펫 연습실로 사용하고, 남편이 쉬는 날을 미리 알려 그 시간은 연습은 자제하는 것으로 합의하고 휴대전화 번호를 서로 교환했다. 층간소음 분쟁 조정에서 드문 해피엔딩이었다.

층간소음 분쟁은 당사자 간 서로 이해하고 배려하는 마음이 없으면 제삼자 개입으로 해결하기가 쉽지 않다. 이 경우 이웃을 존중하고 배려할 줄 아는 기본적인 소양을 갖춘 분들이기에 가능한 일이었다.

민원이 해소된 후 차담을 하던 중 위층이 뜻밖의 제안을 했다고 한다. 본인도 음악을 전공했기에 음악 하는 사람에 대한 남다른 애정이 있으니 아래층이 원하면 도와주겠다고…. 예상치 못한 제안에 아래층은 반기며 자기보다 연상이니 앞으로 언니라 부르겠다고 호의에 답했다. 자칫 이웃 간에 데면데면하게 지낼 사이가 졸지에 언니 동생의 자매지간이 되었으니 정말 드라마 같은 반전이었다. 이웃을 존중하고 배려할 줄 아는 두 사람에게 층간소음이 주고 간 선물이었다.

동아리 활동이 없는 날 경로당 지하에선 아직은 설익은 트럼펫 소리가 흘러나오고 언니의 족집게 과외에 탄력받은 동생은 곧 바이엘을 떼고 체르니로 넘어가리라. 층간소음이 맺어준 자매의 변치 않는 우정과 고교생 아들의 멋진 트럼펫 연주를 기대해 본다. 이왕이면 젊은 시절 애청곡이자 군 시절 취침나팔 소리였던 트럼펫 명곡 니니 로소(Nini Rosso)의 <밤하늘의 트럼펫>으로.

센스 만점 MZ 새댁

　　관리동과 마주하고 있는 E동 4층에 갓난아이 하나인 30대 부부가 한 달 후 이사 올 예정이다. 먼저 살던 세입자가 이사 나가고 집주인의 딸이 들어오는 것이다. 오랜 기간 세입자가 살았기에 집수리한 다음 들어온다며 소위 말하는 올수리가 한참 진행 중이다.

　　발코니 창을 비롯하여 세대 내 모든 창을 열효율이 높고 방음이 잘 되는 이중 알루미늄 창틀로 교체하고 화장실을 비롯한 주방과 거실 등 젊은 부부의 취향에 따라 새집처럼 꾸미는 공사로 인해 발생하는 소음이 만만치 않다. 공사 일정이 한 달인데 이제 일주일이 지났으니 앞으로 3주가 더 지나야 한다. 공사 초기인지라 창틀을 뜯고 화장실을 고치고 거실 구조를 바꾸느라 연일 만만찮은 소음이 발생한다. 건너편 방향으로 조금 떨어져 있는 관리사무소인데도 귀에 거슬리는 소음 때문에 환기를 위해 출입문을 잠시 열었다간 이

내 닫아 버린다.

  관리소의 사정이 그러하니 앞뒷집과 위아래 집 소음은 훨씬 더 할 것이다. 그런데도 공사 소음으로 인한 민원이 아직 한 건도 접수되지 않았다. 통상 이사 올 때 집수리하고 들어오는 줄 알면서도 시끄럽다는 민원이 접수되는 일이 종종 발생하여 관리직원 또는 경비원을 통해 주의를 당부하곤 했으나 이번에는 그런 민원이 한 건도 발생하지 않은 것이다. 공사 기간 중 소음 발생이 가장 심한 공사 초기인데도 말이다.

  젊은 새댁이 관리소를 방문한 것이 열흘 전쯤이었다. 경리주임이 승강기 사용료 수납 후 공사 동의서를 주며 동의받는 대상과 요령 및 소음 발생에 대한 유의사항, 해당 라인 입주민들의 성향 등의 참고 사항을 알려주었다. 그 후 공사가 시작되고 지난 일주일 동안 내내 뜯고 부수고 자르는 일 외에도 그라인더 같은 장비 사용으로 발생하는 소음이 제법 시끄러운데도 민원이 한 건도 발생하지 않은 것이다.

  이유인즉 쓰레기봉투와 손편지 때문이다. 15층 계단식 구조라 출입구마다 30세대가 살고 있다. 새댁이 동의서를 받으러 다닐 때 동의서만 들고 간 것이 아니었다. 마트에서 개당

490원 하는 20L 쓰레기봉투를 다량 구매하여 다섯 장씩 따로 넣은 봉투와 함께 직접 쓴 짧은 손편지를 함께 준비해 간 것이었다. 집에 있는 이웃들에게는 양해를 구하며 쓰레기봉투를 건넸고 부재중인 경우는 현관문 손잡이에 쓰레기봉투와 함께 손편지를 넣은 봉투를 걸어 둔 것이다. 손편지의 내용은 코로나 사태로 외출도 못 하시고 집에 있는 시간이 많은데 우리 집 공사로 불편을 끼쳐 죄송하다며 양해 바란다는 내용이었다고 현관문 손잡이에 걸린 쓰레기봉투와 편지를 받은 2층 주민이 알려주었다.

새댁의 센스가 돋보였다. 집수리할 때 집주인이 동의서를 직접 받아오는 예도 있으나 대부분 공사업체에 맡겨 처리한다. 이사 오기 전 집수리하는 경우가 많기에 동의서에 서명은 해주되 한편으로는 또 시끄럽겠구나 하는 마음이 드는 게 인지상정이다. 그러나 이번에 이사 오는 새댁은 집수리로 시끄럽게 해드려 죄송하다는 마음을 손편지와 쓰레기봉투에 담아 양해를 구했다. 까짓 봉투 다섯 장이야 몇 푼이나 하겠냐만 요즘 세태에 젊은 사람의 마음 씀씀이가 기특하고 대견해 보였을 것이다. 그런 사정을 알지 못하는 영감님이 시끄러운 소리에 낮잠을 이루지 못하겠다며 짜증을 부려도 이사 오는 집이 다들 하는 공사인데 어떡하냐며 운동 삼아 동네나 한 바퀴 돌고 오라고 등 떠밀며 젊은 새댁을 옹호하였을 것이다.

 대다수 국민이 공동주택에 사는 시대에 젊은 새댁처럼 이웃을 배려하고 존중하는 마음을 가져준다면 층간소음으로 인한 분쟁으로 이웃끼리 서로 모르는 사람처럼 외면하거나 데면데면하며 살지는 않을 것이다. 마음속으로 상상해 본다. 집수리가 끝나고 젊은 부부가 이사 오면 새댁의 쓰레기봉투와 손편지에 마음을 연 주민들은 "이제 이사 왔구먼." 하며 아는체할 것이고 새댁은 "우리 집 공사 때문에 많이 시끄러우셨죠?" 하며 "잠깐 들어오셔서 차라도 한잔하고 가세요." 할 것이고 "그럼 어찌 꾸몄나 집 구경 좀 할까?" 하며 금세 친해지리라. 이웃과 이런 관계가 형성된다면 층간소음 분쟁 같은 일이 어찌 발생하랴.

 참으로 센스 만점 새댁이 아닐 수 없다. 이웃의 마음을 헤아릴 줄 아는 사람이면 분명 이웃과도 좋은 관계를 유지해 갈 것이며 층간소음 분쟁 같은 일에 연루되지도 않을 것이다. 설혹 그런 일이 있다 하더라도 능히 원만하게 잘 해결하리라 판단되기에 그런 새댁의 입주가 반갑고 우리 아파트의 한 식구가 되는 것을 모든 관리소 식구들과 함께 환영하는 마음이다. 센스 만점 새댁 가족의 입주를 마음으로 환영하며 우리 아파트가 이웃 간에 분쟁이 없는 살기 좋은 아파트로 자리매김하는 날이 빨리 오길 소망해본다.

이런 이웃도 있네요

"안녕하세요." 생글거리는 표정으로 관리사무소에 온 새댁의 손에는 떡이 담긴 접시가 있었다. "어제 이사 잘했어요. 이사 떡이니 드세요." 하며 내미는 접시를 받으며 "웬 떡을 다하셨냐."고 인사한 후 탁자 위에 놓았다. 그녀는 "경비 아저씨도 드렸으나 아직 못 돌린 집이 있어 가 보겠다." 하며 맛있게 드시라는 인사와 함께 종종걸음으로 돌아갔다. 그런 뒷모습에 저리 살가운 심성을 지닌 새댁을 만난 행운남은 누구일까 궁금했다.

이사, 백일, 돌, 회갑 등 집안에 경사스러운 일이 있는 경우 이웃에 떡을 돌리는 것이 예전 우리의 풍속이었으나, 요즘은 보기 드문 일이다. 그런 풍속에 익숙지 않을 나이인 새댁의 마음이 대견하였다. 떡을 덮은 비닐을 걷어내자 따뜻한 기운과 함께 구수한 떡 내음이 풍겼다. 직원들과 한 입씩 먹으며 "요즘 이사 왔다고 떡 돌리는 경우가 드문데 젊은 새댁이 어찌 그런 생각을 다 했지." 하며 요즘 사람 같지 않은 새댁의 마음 씀씀이에 모두가 입을 모아 칭찬하였다. 이사 떡 한 접시에 관리소 식구가 모두 새댁의 팬이 된 셈이다. 마침 관리소에 들른 넉넉한 성품의 대표회장도 웬 떡이냐며 합석했다. "떡이 맛있네. 새댁과 같은 사람이 많이 이사 왔으면 좋겠다." 하며 잠시나마 업무를 벗어나 마음 편하고 여유로운 한때를 가졌다. 새댁이 가져온 떡을 먹는 관리소 식구들이나 대표회장의 마음에는 아마도 이런 생각을 하지 않았을까. '무슨 불편 사항이 접수되면 잘 챙겨줘야지.', '시설이나 설비에 문제가 발생하면 열 일 제쳐놓고 가서 손봐 줘야지.', '모든 입주민이 새댁 같은 저런 마음이라면 이웃 간의 분쟁도 없을 텐데, 이참에 대표회의 의결로 이사 오는 사람은 모두 이사 떡을 돌려야 한다는 규정을 만들면 어떨까.'

새댁이 마음을 앗아간 것은 떡 한 접시 때문만이 아니었다. 새댁이 다녀간 후 며칠이 지난 금요일 오후였다. 새댁이 다시 관리소에 왔다. "제가 오지랖이 넓어 괜히 쓸데없는 걱정을 하는지 모르겠어요."라며 말문을 열었다. 요 며칠 이사 떡을 본인이 사는 라인의 세대에 다 전해 드렸는데, 앞집만 아직 전하지 못했다며 조심스럽게 얘기를 꺼냈다. "집수리하는 동안 몇 번 왔다 갔다 하며 한두 번 뵌 적이 있었는데, 연세가 많으시고 건강이 안 좋아 보였다. 이사 후 며칠간 인사 겸 떡을 전해 드리려고 아침저녁으로 벨을 눌렀으나 대답도 없고 인기척도 없다. 처음엔 어디 외출이라도 하셨나 보다 하고 계속 살펴보고 현관문을 두드려 보기도 했으나 아직 만나지 못했다. 떡도 전해 드리지 못해 냉장고에 보관 중이다."라는 새댁의 얼굴에 걱정스러운 표정이 가득하였다. 그래서 "혹시나 하는 마음에서 말씀드리는 것이니 오지랖 떤다고 생각하지 말아 주세요."라고 했다.

이런 고마운 입주민이 다 있나 하는 생각에 "오지랖은 무슨… 이웃이 걱정되어 알려주시니 고마운 일이지요. 인기척이 없었다고 하니 우리가 한번 확인해 보겠습니다. 알려줘 고맙습니다." 새댁이 간 다음 경비반장에게 이번 주말 잘 살펴보라고 당부하고 퇴근하였다.

두어 달 전이었다. 인근 성당의 사택으로 사용 중인 B동 2층에 기거하시던 노 신부님이 주위에 알리지도 않고 일주일가량 지방에 다녀오신 일로 비상이 걸렸었다. 은퇴하신 신부님이 거주한다는 얘기는 진작부터 알고 있었다. 며칠째 배달한 우유가 주머니 속에 그대로 있다는 배달 아주머니의 신고에 혹시나 하여 성당의 사목회장인 대표회장에게 알렸다. 즉시 성당에도 알려 비상이 걸렸고, 휴대폰은 꺼져있어 주위의 아는 분과 가실만한 곳에 수소문하였으나 연락이 닿지 않았다. 결국 경찰의 도움을 청하는 등 부산을 떨었으나 이틀 후, 아무런 일없이 귀가하셨다. 강원도 지인의 집에 내려갔다 배터리가 방전되어 연락이 안 됐다는 말씀에 한바탕 해프닝으로 끝났었다.

월요일 아침, 출근하여 주말 상황을 물었으나 아무런 기척이 없었다고 했다. 혹시나 하는 생각에 순찰 시 현관문 틈새로 냄새를 맡아보기도 하고 창문도 살폈으나 그대로이며 아무런 인기척도 없었다고 했다. 더 지체할 상황이 아닌 듯하여 경리 주임에게 입주자 카드에 기록된 연락처로 전화해 보라 했다. 다행히 우려와 달리 단번에 전화 연결이 되었다. 들려오는 목소리가 아주머니 같았다. 경리 주임의 조심스러운 물음에 남편 건강상의 문제로 요양 차 시골에 내려갔다가 다른 사정이 있어 귀가 일정이 늦어졌다며 어제 밤늦게 왔다고 했다.

새댁의 이사 떡과 관련하여 그간의 사정을 설명하였더니

그런 고마운 이웃이 다 있느냐며 인사도 할 겸 만나 보겠다고 했다. 그 말에 이어 앞집에 갓난아기가 있던데 지금 시간에 가봐도 괜찮을지 모르겠다고 한다. 아기가 잠자는 시간이면 현관 벨 소리에 잠을 깰지 모른다는 육아 경험 있는 여성만의 지혜로움과 배려심이었다. 그럴지도 모른다며 앞집에 인기척이 있을 때 만나보시는 게 좋겠다며 어쨌든 별일 없어 다행이라며 통화를 마쳤다. 통화내용을 들은지라 다행이라는 생각과 함께 새댁이 고마웠다. 내 사생활에 대한 타인의 간섭을 허락지 않고 또 남의 일에 상관하지 않으려는 게 요즘 세태가 아닌가. 현관문만 닫으면 안에서 무슨 일이 일어나는지 알 수 없는 아파트 생활이다. 이사 떡을 나누려고 몇 차례씩 걸음 한다는 게 쉽지 않은 일이다.

저녁밥을 먹고 나면 이웃집으로 마실 다녔던 게 예전의 우리 풍속이었고 어른들의 일상이기도 했다. 잦은 왕래로 누구네 집 밥숟가락이 몇 개인지 안다고 할 만큼 이웃의 사정을 잘 알고 지냈다. 개인주의 팽배와 함께 사생활 보호를 우선하는 요즘 세태와 비교하면 때로는 그런 시절이 그립다. 이사 떡 접시에 담긴 새댁의 마음이 그래서 고마운 것이다.

크리스마스를 앞둔 4층 발코니에 크리스마스트리가 보인

다. 깜빡이등을 비롯해 예쁜 색깔의 꼬마전구가 번갈아 깜박인다. 아기를 위한 것이나, 보는 이의 눈과 마음도 즐겁다. 전에 살던 까칠한 성품의 주민과 비교하면 가히 천사 같은 새댁이다. 내년 아기 첫돌에 예쁜 장난감 하나 선물하리라. '아가야, 건강하게 잘 자라 엄마처럼 예쁘고 심성 착한 그런 사람이 되어라.' 하는 마음을 담뿍 담아….

모과나무는 말이 없다

 금요일 오후, 평일보다 업무의 긴장감이 다소 느슨해져 있을 때였다. 40대 초반의 입주민이 방문했다. 출고 2주 차인 본인의 외제 차량 손상에 대한 민원을 제기하였다. 민원인의 주장으론 퇴근 후 모과나무 아래 주차했는데 밤사이 모과가 떨어져 차량이 손상되었다며 보상처리를 요구했다. 자세한 경위 파악을 위해 마주 앉았다. 민원인은 단지 내 주차구역에서 발생한 사고이며 모과 낙과에 대한 주의 안내문도 없었으니 명백히 관리 소홀이며 부주의에 해당하므로 이는 관리소에서 보상 처리해줘야 한다는 것이 주장의 요지였다.

 공동주택은 이런 사고에 대비한 영업 배상 책임보험에 가입되어 있음을 안내하고 이런 경우 본인의 자동차보험으로 먼저 처리하고 보험사의 구상권 행사 시 단지 측에서 대응하는 처리 방법을 안내하였으나 거절하였다. 관리소 측의 책임이 있으므로 아파트에서 가입한 보험으로 처리해 달라고 요구하였다. 본인의 주장에 대해 하나씩 되물었다.

첫째, 모과 낙과로 인한 피해라고 단정 짓는 근거는 무엇이냐에 대해 사고 당일 새벽에 본인의 차량에 장착된 충격 감지 시 자동으로 녹화기능이 있는 블랙박스가 작동되어 녹화되어있음을 근거로 들었다. 15초간 녹화기능이 작동되었고 이는 블랙박스 이벤트 녹화기능이 모과가 떨어질 때의 충격으로 작동된 것이라 주장했다.

둘째, 그렇다면 모과 낙과 장면이 블랙박스 영상에 있느냐는 물음에는 차량의 측면에 떨어져 전방과 후방만 촬영되므로 블랙박스에는 녹화된 것은 없다고 했다.

셋째, 차량에 손상을 가한 모과를 가지고 있거나, 사진 찍은 게 있느냐는 물음에도 없다고 했다.

모과 낙과 피해라고 단정할 수 있는 물증이 없으므로 보험 처리가 쉽지 않을 것 같다고 얘기하고 차량의 손상 상태를 확인하고자 주차된 장소로 가 차량을 살펴보았다. 운전석 뒷문 상단의 에이 필러 부분에 충격에 의한 것으로 보이는 자국이 두 군데 있었다. 그중 하나는 유심히 보지 않으면 구분하기 쉽지 않은 정도였다. 어른 두 주먹 크기의 모과에 의한 충격이라면 저 정도 흔적이 생길 수도 있겠다는 생각과 함께 값비싼 외제 차 강판이 그 정도의 충격도 감내하지 못

하나 하는 생각이 들었다. 보험으로 처리해야 함을 대표자 회의에 보고 후 접수하겠으나, 사고 피해에 대한 입증책임은 피해자가 부담하는 것임을 설명하고 경험상 확실한 물증 없이 보험 처리가 쉽지 않을 것 같다고 했다. 이에 아랑곳하지 않고 보험 접수 후 접수번호만 알려주면 바로 수리를 맡긴다고 했다. 비용 부담이 발생할 수 있는 사안이기에 다소 시간이 소요되나 빠른 처리를 위해 노력하겠다 하고 면담을 종료했다.

내심 의심스러운 점이 있었다. 차량의 흠집은 두 군데였다. 민원인의 주장대로라면 모과 두 개가 떨어져 난 흠집이어야 했다. 민원인은 충격 감지로 인해 블랙박스가 15초간 자동으로 작동되었음을 주장하고 이를 모과 낙과의 근거로 주장했다. 그렇다면 녹화영상이 두 개가 있어야 했다. 민원인은 자동 녹화기능이 두 번 작동되었고 두 건의 녹화영상이 저장되어 있음을 언급해야 했으나 그런 언급은 없었다. 모과 열매가 단 일각의 시차, 한 치의 오차도 없이 동시에 폭이 5cm도 안 되는 에이 필러 위에 떨어졌어야 본인의 주장이 성립되는 것이다. 과연 그 확률이 얼마나 될 것이며 또 가능할까 하는 점이었다. 보험사의 판단은 어떠할지 궁금하였다.

보험사에 사고 발생통지서 외 의견서 한 장을 첨부하여 팩스로 보냈다. 다음 날 보상팀 담당자와 사고 경위와 처리 절차를 서로 확인한 다음, 민원인에게 접수 사실을 알리는 것으로 관리소의 역할을 종료하였다. 며칠 후 별도의 물증 없이 피해자의 주장만으로는 보상 처리할 수 없음을 알렸으나, 수용하지 않고 있다는 보험사 측의 연락을 받았다.

민원인으로선 억울함이 있으리라. 출고 2주밖에 안 된 외제 차에 흠집이 생긴 것도 속상하건만 보험 처리가 안 된다는 현실을 수용하기 어려울 것이다. 본인의 주장을 뒷받침할 물증이나 증인도 없다. 사건의 경위를 아는 것은 오직 그날의 사고 현장을 지켜본 모과나무뿐이다. 그러나 어쩌랴. 모과나무는 말이 없음을….

경비원 김 씨

"그동안 고마웠습니다." 어제 마지막 근무를 마친 경비원 김 씨가 일지에 남긴 글이다. 관리사무소의 하루는 업무 개시 전 짧은 회의로 전날 퇴근 후의 단지 상황을 확인하고, 오늘의 주요 일과를 공유하는 것으로 시작한다. 초소별 일지에 사인을 하던 중 김 씨의 글을 보았다. 6개월 전, 건강 문제로 사직한 경비반장 후임으로 발탁된 선임 경비원의 빈자리에 채용된 김 씨다.

채용 한 달이 지날 무렵 그에 관한 얘기가 들려왔다. 장애인이라는 것이다. '장애인이라니?' 면접 시 순박한 인상에 말투가 다소 느린 것 외 듬직한 체격이 눈에 띄었을 뿐 신체적 결함은 발견할 수 없었다. 경비반장에게 그간의 정황을 물었다. 경비반장도 처음엔 몰랐다고 했다. 지난 한 달 동안, 그를 부르면 항상 잰걸음으로 왔기에 장애가 있는 줄 몰랐으나 그동안 지켜본 바, 오른쪽 다리가 약간 불편한 것을 알게 되었다고 했다. 장애가 어느 정도인지 좀 더 관찰하여 단지 순찰, 주차단속, 민원 응대, 재활용품 분리, 택배 관리 등의 경비 업무수행에 문제가 없는지 살펴본 다음 대책을 세우기로 했다. 이후 관찰한 결과, 경비업무 수행에 지장을 초래할 정도의 장애는 아닌 것으로 판단하였다. 반장도 업무수행에 별 무리가 없으며 동료들과도 잘 지내고 있으니 좀 더 지켜보길 원했다. "그 정도의 미미한 장애로 아파트 경비원조차 할 수 없다면 어쩌란 말인가?" 하는 약간의 휴머니즘적 생각과 함께 교체할 정도는 아니라는 결론을 내리고 김 씨 문제를 일단락지었다.

며칠 후, 김 씨를 불러 업무수행에 애로사항은 없는지 물었다. 약간 더듬는 말투로 "괜찮습니다. 할 만합니다." 하며 계면쩍은 웃음을 지었다. 다리 때문에 일하는 데 힘든 점은 없느냐는 물음에 없다고 했다. 사람에 따라 경비업무 부적격자라 말하는 이도 있겠으나, 나와 함께 일하는 동안은 열심히 하고 지금처럼 동료들과 잘 화합하며 특히, 입주민에게 친절히 응대할 것을 당부하고 면담을 마쳤다. 그런 일이 있고 난 후, 지난 몇 달 동안 별다른 문제 없이 근무하던 그였다.

경비원 김 씨 55

경비원 대다수가 고령자로 나와 동년배 또는 연상이지만, 김 씨는 유일한 50대로 열한 명의 경비원 중 막내였다. 그의 장애를 거론하는 소수의 입주민에겐 요즘 젊은 사람 채용이 쉽지 않고 나름으로 열심히 하고 있으니 좀 더 지켜보자며 양해를 구했다.

경비원 교체는 재활용품 임의 반출, 타인 물품에 손을 대거나, 감내할 만한 일에 입주민과 크게 다툰 경우, 동료 간의 화합을 해치는 경우 등의 몇 가지 기준을 두고 있었다. 이 기준을 위반하지 않은 경비원에 대한 교체 요구에는 응하지 않았다. 김 씨 사직의 발단이 된 것은 새로 산 가구를 옮길 때 도와주지 않았다는 것을 빌미 삼은 어느 입주민의 갑질 때문이었다. 그가 장애인이고, 장애인을 경비원으로 채용했다고 떠벌리고 있다는 얘기에 그냥 참고 넘어가라는 동료들의 권고에도 불구하고 모멸감과 자기로 인해 다른 사람에게 피해를 주기 싫다며 사직한 것이다.

대다수 주민은 생업에 바쁜 이유로 본인과 직접 관련 없는 일이면 입주자대표회의나 관리소에서 하는 일에는 무관심하다. 동대표와 관리소장이 알아서 잘하겠거니 하는 믿음에서이다. 반면에 지나친 관심과 부정적인 시선으로 바라보는 이도 있다. "내가 왕년에…. 라떼는 말이야…" 하며 과거

동대표 경력이라도 있으면 그게 무슨 대단한 감투나 훈장으로 생각하는지 그 경력을 들먹이며 자신을 알아주거나 본인과 관련한 민원을 예외적으로 처리해 주길 바란다. 그렇지 않은 경우, 관리소 업무에 비판적이며 비우호적인 시선으로 바라보며 작은 일도 그냥 넘어가지 않는다.

　임기 2년의 대표자 정원이 아홉 명인 준공 30년 차 아파트에 동대표 한 번 안 해본 사람이 얼마나 될까? 정작 저런 분이 동대표를 하면 좋겠다는 주민은 몇 차례의 권유에도 한사코 손사래를 친다. 이런 현상으로 동대표 선출과 대표회의 구성에 애를 먹고 있는 곳이 한두 곳이 아니다. 김 씨의 장애가 그런 비판적 성향의 입주민에게는 빌미가 될 수 있다는 생각을 못 한 것은 아니었다. 극히 일부이기는 하나 우리 아파트의 품격에 맞지 않다며 장애가 있는 경비원의 교체를 요구하는 것은 입주민으로서 당연한 권리라고 생각하는 입주민도 있다. 그런 관점에선 장애인을 경비원으로 채용하고 또 교체하지 않는 관리소장의 행위는 묵과할 수 없는 일이나. 몇 차례 그런 불편한 얘기를 들은 김 씨가 사직을 결심하고 마지막 근무 후 사직 인사를 대신하여 일지에 남긴 글이었다.

본인의 의지와는 상관없이 태생적 또는 후천적인 장애를 입은 사람이 어디 한둘이랴! 그런 신체적 장애를 큰 흠결로 보는 사람이 오히려 장애인이 아닐까? 정신적 장애로 인해 나와 아무런 상관없는 사람이나 불특정 다수에게 해를 가하는 사건, 사고 소식을 종종 접한다. 그런 정신적 장애가 있는 사람에 비하면 약간의 신체적 장애가 있다 하더라도 정신적으로 건강하고 또 성실하다면 사회의 일원으로 더불어 살아가는 기회가 주어져야 함이 마땅한 것이다. 편협하고 이기적인 생각으로 나와의 다름과 차이를 이해하지 않거나 포용하지 않는다면 그가 바로 장애인이요, 그 사회가 장애가 있는 사회가 아닌가 싶다.

나와 약간의 차이, 다름이 있는 그들을 자연스럽게 우리 이웃으로 받아들이고 동등하게 대하는 의식이 사회 전반에 자리 잡을 때 건강한 사회가 될 것이다. 김 씨가 이번 일로 좌절하지 않길 바라는 마음으로 그가 남긴 글 아래의 소장 지시 사항란에 꾹 눌러 쓴 글씨로 답글을 적었다.

"그동안의 수고에 감사하며, 이곳보다 더 나은 곳에 꼭 다시 취업하길 바랍니다."

갑을보다 동행

 동별대표자를 포함한 아파트 주민, 관리직원, 업체 간의 상호관계는 어떤 관계가 바람직할까?
 공동주택은 시설유지관리, 용역 서비스 분야별로 필요에 따라 외부업체와 계약을 맺고 있다. 이 중에는 며칠에서 몇 주(개월)인 단기계약도 있고, 3개월 이상 1~3년까지의 중장기 계약도 있다. 근무 단지의 경우 위탁관리 3년, 경비, 미화 2년, 승강기, 소방, 전기 관련 1년 등 기본적이며 필수적 부문의 계약은 연 단위의 계약을 관련 업체와 맺고 있다. 계약업체 수는 수시 발생에 따른 비정기적인 일과성(一過性) 계약을 포함하여 30여 개에 이른다.
 업체 선정은 국토교통부 '주택관리업자 및 사업자 선정지침'에 따라 입찰 또는 수의계약으로 하고 계약 체결 시 계약서를 단지 홈페이지 또는 게시판에 의무적으로 공개하고 있다. 계약서에는 계약 당사자를 '갑(甲)'과 '을(乙)'로 구분하고,

계약 내용에 대한 갑과 을의 책임, 의무, 권리관계 등을 명시하고 있다. 여기서 갑은 발주처인 아파트, 을은 수주업체이다.

개인적으로 갑과 을이란 용어에 다소 거부감이 있었다. 갑은 우위적, 을은 열위적인 표현으로 소위 '갑질'이란 용어도 여기에서 파생된 것이기 때문이다. 다른 이유로는 을은 갑이 필요로 하는 노동, 기술을 제공하고, 그에 합당한 대가를 받는 것이기에 양자의 관계는 상하·수직적인 관계가 아니라 상호 호혜적인 수평적 관계이어야 한다는 관점이었다. 갑이 불필요한 일을 발주하거나 지급 의무가 없는 비용을 지급하는 것이 아니며, 을 또한 하지 않은 일에 대한 비용을 받아가는 것이 아니기 때문이다.

아파트 시설이나 설비에 어떤 문제가 발생하면 해결책이 강구되고, 그에 따른 비용이 발생하는 것은 가정생활에서도 마찬가지다. 냉장고가 고장 나면 A/S를 받고 교체부품 비용을 부담해야 하듯이 승강기가 고장 나면 정상 운행을 위한 부품 교체, 수리 등 관련 업체의 인적, 기술적(부품) 제공에 대한 대가가 당연히 지급되는 것이다. 입주민의 안전과 깨끗한 환경을 담당하는 경비, 청소 부문도 마찬가지다. 주거환경의 유지관리에 필요한 비용을 전 세대가 분담하는 것이기에 경제적이며 편리함을 누리는 것이다. 이런 편리함의 유지를 담당하는 용역과 기술을 제공하는 업체와의 관계가 협력적이며 동반자적 관계이어야 바람직하다는 생각이나 그 공감의 폭이 크지 않음에 아쉬움이 있다.

  수년 전의 일이다. 경비업무와 관련한 민원으로 개선방안을 협의하고자 경비업체 관계자를 불렀다. 용역업체 소속 경비원들에겐 그들이 갑이다. 업체 관계자가 방문하여 경비원을 대하는 태도가 눈에 거슬렸다. 한참 연상인 경비원을 대하는 언행과 태도가 전형적인 갑의 모습이었다. 민원 발생경위를 파악하고 미비점에 대한 지원과 교육을 통한 개선 노력의 의지를 보이는 것이 아닌 갑의 위치에서 질책과 인사 조처를 거론하는 언행을 서슴지 않았다. 소속 직원을 대하는 그런 모습에 경비업무의 실질적인 개선을 기대하기 어렵다 판단하고, 대표회장과 상의 후 계약 기간 만료 시 계약을 종료하고 절차에 따라 새로운 업체를 선정하였다.

  새로 선정된 업체가 준비해 온 계약서 초안이 눈길을 끌었다. 갑(甲)과 을(乙)이라는 용어 대신 동(同)과 행(行)으로 표기되어 있었다. 바람직한 경비업무 수행을 위해 업체와 단지 간의 상호협력이 필요하다는 점에서 갑을이란 용어 대신 동행으로 표기하고 있다는 업체의 설명에 공감하였다. 해당 경비업체는 이후 두 차례의 사업수행 실적평가를 거쳐 지금까지 긴밀한 협력적 관계를 유지하고 있다. 경비업무 관련 민원이 많이 줄었음은 당연한 귀결이었다.

갑을관계가 비단 업체와의 관계뿐만 아니라 단지 내부에도 존재한다. 입주자대표회의(동별대표자)와 관리주체, 관리주체와 업체, 입주민과 근무직원, 관리소장과 직원, 감독기관과 공동주택의 관계가 갑을관계다. 이 갑을관계가 합리적, 상식적 또는 협력적이냐에 따라 장기 근무자가 많거나, 이직률이 높은 기피 단지가 되는 것이다. 지역별 관리소장 모임에서도 갑을관계에 따른 고충을 토로하는 관리소장은 있게 마련이다. 윤흥길의 소설 『완장』의 주인공처럼 입주민, 동대표, 회장이라는 완장을 차고 행하는 갑질 탓이다. 갑을관계가 지나치게 명확(?)했던 단지의 소장님은 얼마 후 문자로 사직 인사를 보내왔다.

입주민의 갑질 또한 빼놓을 수 없다. 세상사가 그러하듯 어느 단지에서나 갑질 증후군이 있는 주민은 소수이기는 하나 있다. 관리사무소는 관리규약에 명시되어 있는 건물관리, 입주민 재산 보호 및 안전 도모, 전기, 수도, 승강기와 같은 공용부문에 대한 유지관리 업무를 기본으로 하고 있다. 갑질 증후군이 있는 입주민에겐 아무리 공용부문의 관리가 잘 되고 관리비 절감을 이루었다 한들 소용없는 일이다. 공용, 전유부분을 불문하고 본인의 민원을 처리해 주길 바란다. 공동주택에 살면서 개인주택에 따르는 관리를 요구하는 것이다. 고달픈 삶을 꾸려가는 그들의 처지를 이해하고 대부분 아파트 관리소에서 겪어야 하는 일로 치부하며 적절히 대응하나, 초임 시절 이런 일로 인한 스트레스가 적지 않았다.

더불어 살아가는 세상이다. 갑을관계가 아닌 동행 관계, 즉 이해와 배려의 마음으로 서로를 대하는 게 그리 어려운 일일까? 동별대표자, 입주민, 관리직원, 경비원, 미화원 상호간은 물론 업체와의 관계 또한 갑과 을이 아닌 협력자, 동반자로 대하는 동과 행의 관계가 바람직하리라는 생각이다.

그런 생각을 하는 나는 혹여, 관리소장이라는 갑의 위치에서 직원이나 업체 관계자를 을로 대하고 있는 것은 아닌지 한 번 돌아볼 일이다.

기다리는 마음

 이른 봄 같은 포근한 날씨에 아직 겨울인가 싶다. 겨울 시작과 함께 첫눈으로 많이 내렸던 그때 외에는 포근한 날씨를 친구삼던 눈 손님도 한동안 찾아올 기미가 없다. 새벽녘 겨울 하늘 별빛 본 지 오래고 간혹 흐려진 모습에 눈이 오려나 쳐다보는 하늘엔 뿌연 미세먼지만 가득하다. 한 가지 걱정은 덜었으나 다른 하나의 걱정거리가 그 자리를 대신한다. 예전보다 빈도가 잦은 미세먼지와 불청객 황사로 희뿌연 하늘을 마주하는 일이 이제는 별로 새삼스럽지 않다.
 겨울이면 찬 공기와 함께 맑고 푸른 하늘 아래 두 뺨이 얼얼하도록 동무들과 학교 운동장에서 뛰놀던 옛 기억이 또렷한데 반갑지 않은 불청객 때문에 마스크 착용이 일상이 돼버린 요즘 예전과 달라진 풍경이 이젠 낯설지도 않다. 예전 탄광촌 아이들은 시냇물을 검은색으로 칠했다고 했다. 요즘 도시의 아이들은 거리 풍경을 어떤 모습으로 그려낼까.

뿌연 잿빛이나 누런색 하늘 아래 길거리엔 온통 마스크를 착용한 표정을 알 수 없는 사람들의 모습만 가득하지 않을까 싶다. 무언가 소중한 것을 빼앗겨 버린 기분이다.

올겨울은 첫눈이 제법 많이 내렸었다. 이른 아침부터 두어 시간 관리소 담당구역 제설작업을 끝냈다. 젖은 내의와 얼굴, 머리의 땀을 난방기 바람과 수건으로 닦아낸다. 앞으로도 몇 차례 더 눈이 올 텐데 좀 더 효과적인 제설 방법이 없을까 하는 생각에 잠시 머물다, 문득 염화칼슘 살포기가 생각났다. "그래, 그런 게 있었지. 어쩌면 이웃 단지에선 이미 사용하고 있는지도 모른다. 그게 왜 이제야 생각났지?" 하며 부랴부랴 인터넷 사이트를 뒤졌다. 가장 많이 소개되는 튼실한 기종을 대상으로 가격과 성능을 살폈다.

2개 필지로 나뉘어 있는 단지 구조상 제설작업용으로 두 대가 필요하다. 굵은 바퀴에 하체가 가장 튼튼해 보이는 기종을 점찍어 다른 안건과 함께 대표자 회의에 올렸다. 살포기 구매에 대한 몇몇 대표자의 얼굴에 '그냥 지금까지 해오던 대로 하지.' 하는 마뜩잖은 기색도 보였으나 모른 체하고 제안 설명을 끝냈다. 대표자 대부분이 신임이고, 경비원의 수고를 덜 수 있다는 명분도 있기에 끝까지 반대하지 못하리라는 예상대로 통과되었다.

  그 후, 장기수선충당금 세대 부담액 인상 관련 가정통신문 작성, 동의 절차 수립과 회의 등으로 바쁘게 지냈다. 그 와중에 귀 기울인 일기예보에는 아직 눈 소식은 없고 대신 요즘 하는 짓마다 밉상인 이웃 나라에서 날아오는 미세먼지 소식만 요란했다. 강설 예보와 동시에 구매하려 했으나, 눈 소식은 없고 미세먼지에 물든 잿빛 하늘과 겨울인지 봄인지 헷갈리는 날씨만 이어졌다. 결국 살포기를 사전 확보하기로 하고 송금과 함께 배송을 요청하여 성능 실험 후 자재 창고에 보관하였다.

  매년 겨울, 눈 예보와 함께 보행자 안전사고 예방을 위해 염화칼슘 살포 작업과 미끄럼, 고드름 낙하 주의 표지판을 곳곳에 설치하고 안내문 게시도 빠진 곳이 없도록 거듭 당부한다. 안내문 게시가 없거나 제설작업이 미치지 못한 곳의 미끄럼 사고는 그 원성과 책임이 오롯이 관리소 몫이다. 일손이 부족함을 알면서도 구석구석 세심한 제설작업을 당부하고 채근하며 같이 할 수밖에 없다.

  눈 오는 날이 재활용 수거일과 겹치는 날이면 단지 안은 마치 전쟁터를 방불케 한다. 눈과 전쟁을 함에 수적 열세에다 무기라곤 재래식 소총 같은 대빗자루와 플라스틱 눈삽이 전부인 경비원이 넓디넓은 담당구역을 나름의 사명감으로 온 힘을 다해 눈과의 전투에서 승리해야 한다. 화력과 성능이 뛰어나고 인공지능이 장착된 최신예 병기는 아니나, 염화칼슘 살포기라는 그래도 구식 소총 같은 장비보단 성능이 다소 나은 놈을 지원할 수 있어 부담감은 다소 덜었다.

 눈이 왔다 하면 자동차 바퀴가 절반이 빠지거나, 심지어 고립을 초래하는 폭설이 잦은 강원도나 일부 지역 근무자의 고충에는 비할 수 없고, 겨울 가뭄으로 병충해 창궐과 과수 작황을 걱정하는 농심을 생각한다면, 그깟 미세먼지나 황사 푸념 따윈 배부른 투정이 아닐 수 없다. 다만, 칠십 안팎인 나이로 제설작업을 하는 경비원의 수고를 조금이나마 덜 수 있으리란 기대와 함께 눈 소식이 뜸한 이번 겨울이 고맙기도 하다. 하지만, 성능 실험을 마치고 출동 대기 중인 살포기에 염화칼슘을 가득 담아 흩뿌려대는 장면을 보란 듯이 시위하고, 다소나마 줄어든 수고에 좋아하는 경비대원의 모습도 볼 겸 한 번쯤 눈이 내렸으면 하는 마음이야 어쩔 수 없다.

기다리는 마음

이 빠진 식칼 사건

초임 관리소장 때의 일이다. 처음 부임한 곳이 SH공사에서 관리하는 서울 성북구 300세대 임대 아파트였다. 부임 얼마 후 대표자 모두가 여성으로 새로운 임차인대표회의가 구성되었다. 신임 회장은 직선적, 외향적 성품의 여장부 형으로 관리소 업무에 매우 협조적이었다. 대표자들의 첫 번째 사업은 폐쇄 중인 경로당 재개관 사업이었다. 관련 서류를 제출한 지 한 달여 만에 구청의 재개관 승인을 얻을 수 있었다. 재개관 행사 계획을 수립하여 개관일을 정하고 구청의 국장, 팀장 및 동장(주민센터장)과 지역 내 유력인사 및 주민들이 많이 이용하는 대형 업체에 초청장을 보냈다. 지역 국회의원, 시청, 구청의 관련 부서 팀장, 직원 등 상급 기관 관계자의 참석이 예정되어 하부 기관인 주민센터의 관심도 높았고 행사용 마이크, 앰프 등 장비 지원에도 매우 협조적이었다.

식순에 내외빈 소개 순서가 있었다. 개관일 이틀 전 방문한 동장은 외빈 소개 시 공직 서열에 따른 소개 순서를 부탁하며 이를 꼭 지켜달라 하였다. 마치 소개 순서가 잘못되면 본인에게 어떤 영향이 있는지 매우 신경 쓰는 모습이었다. 행사 전날에도 찾아와 식순과 소개 순서를 확인하였으며 개관일에도 일찍 도착해 구청, 시청 관계자와 함께 의원을 맞이한 후 행사장 한쪽에서 외빈 소개가 잘 이루어지는지 지켜보고 있었다. 경로당 재개관사업 추진 경과보고를 시작으로 외빈과 내빈을 탈 없이 소개하고, 축사, 답사에 이어 행사 마지막 순서인 케이크 절단 순서에 이르렀다.

행사를 준비하며 케이크 얘기가 나왔을 때 생크림 케이크를 생각했으나, 참석자 대부분이 노인층이니 떡케이크로 하자는 의견에 따라 동네 떡집에 주문했었다.

케이크를 탁자 위로 옮기고 살짝 덮은 포장지를 조심스레 벗기는 순간 불길한 생각 하나가 머릿속을 스쳤다. '아까 케이크 상자를 건네받을 때 플라스틱 칼이 안 보이던데 혹시….' 그래도 설마 하며 상자 속과 상자 아래쪽도 확인하였으나 칼이 보이지 않았다. '이런, 정신 나간 떡집 보소.' 하지만, 엄밀히 말하면 케이크를 주문할 때 칼을 부탁하지 않은 게 우리 측의 잘못이지 떡집을 탓할 일이 아니었다.

살다 보면 순간적인 기지나 임기응변이 필요한 때도 있다. 사무실에 있는 과도가 생각났다. 나지막이 대표회장께 과도 좀 챙겨주시라 했다. 회장은 옆에 있는 대표자 한 사람에게 본인 집에 가서 과도를 가져오라 했다. 득달같이 회장댁에 다녀온 대표자의 손에 들려 있는 것을 보는 순간 '헉' 하는 소리가 저절로 나왔다.

길이가 내 팔길이 절반쯤 되고 우리 집 싱크대 안쪽의 제일 큰 칼집에도 들어갈 수 없는 크기의 대형 식칼이었다. 그것도 이가 두세 군데 빠져있었다. 손님 접대용 음식(갈비탕) 장만에 쓰라고 회장이 제공한 갈비짝을 장만하다 그리된 것으로 짐작되었다. "소장님, 과도를 못 찾아 급한 대로 이거라도 쓰시라고…" 하는 대표자의 얼굴은 거의 울상이었다. 칼이며 도마며 회장댁 주방 기구는 어제 음식 준비하느라 경로당 주방에 다 와있었기에 찾지 못한 것이었다.

어떡하나. 국회의원, 노인회장, 대표회장은 케이크 앞에 서서 기다리고 있는데…. 손잡이라도 흰 종이로 싸서 건넬까 하다 그냥 칼자루를 의원에게 건네며 짐짓 태연한 표정으로 말했다. "의원님, 떡집에서 플라스틱 칼을 빼먹어 이걸로 대신 쓰셔야겠습니다." 순간 당황한 듯하였으나 이내 재선의원다운 노련한 표정으로 칼을 건네받았다. 털털한 성격의 대표회장이 한마디 보탰다. "식칼이면 어때요. 의원님, 그냥 이걸로 해요." 하며 칼을 쥐고 있는 의원의 손을 떡케이크 쪽으로 끌어당겼다. 의원도 이 빠진 커다란 식칼을 든 자신의 모습이 어색한지라 웃음을 참는 표정이고, 의원의 그런 모습과 이 광경을 지켜보고 있던 모든 참석자가 박장대소했다. 이 빠진 식칼 덕분에 경로당에 한바탕 웃음꽃이 피었다. 이가 빠진 탓인지, 쫀득해서인지 칼이 바닥까지 닿기도 쉽지 않았다. 세 사람이 합세하여 간신히 식칼이 바닥에 닿을 무렵, 박수를 유도하고 칼을 뺏듯이 거둬들이고 나서야 "휴." 하고 한숨을 내쉬었다.

지금 생각해도 웃음이 나온다. 이런 해프닝이 또 있을까. 이 빠진 식칼 때문에 주위를 살필 여유가 없어 동장의 얼굴을 못 본 게 아쉬웠다. 소개 서열에 마치 동장직이라도 걸려 있는 듯 노심초사했던 동장이었다. 행정기관에 여러모로 영향력이 있는 국회의원이다. 그런 의원의 격에 맞지 않는 이 빠진 식칼을 건넨 주최 측의 용납할 수 없는 불경(?)스러운 행위에 어떤 표정이었는지 궁금했다. 이 빠진 식칼로 인한 분위기 수습에 정신이 팔려 보지 못했으나 호흡정지나 정신적 쇼크로 쓰러지는 소동은 없어 조금은 아쉬웠다.

지역구청과 주민센터의 홍보용 사진 협조 요청을 받고 어떤 사진을 보낼까 고민했다. 이 빠진 커다란 식칼을 들고 있는 모습과 그 식칼로 케이크를 자르는 사진을 보내면 분명 식칼(?) 의원님의 정치적 활동에 도움이 되고 신문을 비롯한 각종 언론매체에 기사화될 것이다. '○○○ 의원, 이 빠진 대형 식칼로 케이크를 자르다.' 같은 머리기사에 해설 기사까지 실을 것이다. 주최 측의 준비 소홀과 무례함을 탓하지 않고 개관식이 원만하게 끝날 수 있도록 분위기를 이끈 위기관리 능력과 인품이 어쩌고저쩌고…. 그 서민적 행보에 전국적으로 인지도가 크게 상승하여 몇 달 후의 당 대표 선거에 큰 도움이 될 것 같다는 등의 미주알고주알 기사가 실릴 것이다. 그리고 그 기사 말미에는 이런 기사도 한 줄이 있으리라. '해당 관리소장은 그 일 이후 보직 해임되어 대기 발령 중이나, 도의적 책임을 통감하며 사의를 표명했다.' 어이쿠, 이 사진 보냈다간 큰일나겠다 싶어 다른 사진을 보냈다. 일하다 보면 이런 의도하지 않은 경우와 더러 마주치기도 한다. 그런 경우 상대방의 실수를 나무라지 않고 관대한 마음으로 대해준다면 좀 더 살맛 나는 세상이 되지 않을까 싶다.

사마천(司馬遷)의 절영지회(絶纓之會) 고사다. 왕이 전장에서 공을 세운 신하들을 위로하기 위하여 성대하게 연회를 베푸는 중 갑자기 광풍이 불어 촛불이 꺼졌다. 그리고는 어둠 속에서 왕이 총애하는 여인의 날카로운 비명이 들렸다. 여인은 누군가 자신의 입술을 훔친 자가 있어 갓끈을 끊었으니 불을 켜 그자를 가려내 벌을 내려달라 청했다. 그러나 왕은 불을 밝히는 대신 "모두 갓끈을 끊어라."라고 말해 연회에 참석한 모두가 갓끈을 끊고 밤늦도록 연회를 즐겼다. 3년 후 왕이 참전한 전쟁터에서 곤경에 처했을 때 잘 알려지지 않은 한 장수가 선봉에 나서 죽기를 무릅쓰고 싸운 덕분에 위기를 극복하고 승리할 수 있었다. 왕이 장수를 불러 공을 치하하며 물었다. 내가 특별히 잘 대해준 것도 없는데 어찌하여 그토록 목숨을 아끼지 않았냐고 묻자 장수는 3년 전의 연회 때 갓끈을 잘린 장본인이라며 그때 술에 취해 죽을죄를 저질렀으나 왕께서 관대히 용서해 준 그 은혜에 보답한 것이라고 답했다.

의원께 마음을 전한다. '본의 아니게 이 빠진 식칼을 드려 매우 송구했습니다. 우리 300여 세대 주민은 이 빠진 식칼 의원님을 기억하겠습니다. 그리고 다음 달 대보름 척사대회 때 오시면 그때는 기필코 케이크 절단용 칼을 잘 챙겨놓겠습니다. 그리고 만일에 대비해서 먼저 사용했던 이 빠진 식

칼도 날이 시퍼렇게 잘 갈아 놓겠습니다. 의원님의 의정활동을 응원합니다.'

우리 동네, 남의 동네

첫눈치곤 많이 내린 1월 하순 주말이었다. 2년 전 이맘때 장래 관리소장 근무 시 참고가 될 것으로 생각하고 사전 학습 삼아 때마침 신청자가 없어 공석이던 동대표 2차 모집공고에 자원하여 동대표가 되었다. 처음엔 주민의 시각에서 단지 내의 크고 작은 문제에 대해 의논하고 또 살기 좋고 쾌적한 주거환경을 위해 사계절 꽃이 많은 아파트로 꾸미는 일 등의 소소하지만 창의적인 일들을 할 수 있을 것으로 기대하였다. 그러나 막상 주된 논의가 비용 절감에 우선하는 안건 협의에 무게를 두고 있어 아쉬움도 있었다. 대신 아파트 관리비가 어떻게 구성되고 산출되는지 어떤 논의와 의사결정 과정을 거쳐 비용 집행이 되는지 알 수 있었다. 또 입주자대표회의, 동대표와 관리주체 간의 업무에 대한 견해가 상반되는 경우 이를 어떻게 조정하는지 살펴볼 수 있었기에 소장 발령 후 그때 경험한 일들이 많은 참고가 되었다. 지난

1월 임기 만료에 따라 동대표 역할수행을 마감하고 본업에 치중하려고 작정하고 있었다. 주말 아침 발코니에서 내다본 놀이터에 눈이 수북하게 쌓여있었고 아직 사람의 발자국은 없었다. 사람들이 눈을 밟고 다니기 전 눈을 쓸어야 통행에 불편함과 미끄럼이 덜할 텐데 하는 생각 끝에 동대표 임기 종료 기념 및 평소 인사를 주고받는 미화원 아주머니 수고를 좀 덜어드리자는 생각에 눈을 치우기로 작정하였다. 두툼한 상의에 모자 하나 눌러쓰고 일 층 초소에 있는 빗자루 튼실한 놈 하나를 밀대 대신으로 골라잡고 놀이터로 향했다.

놀이터의 구조가 위에서 보면 숫자 8의 모습과 같이 위는 좀 작고 아래는 술 좋아하고 운동 부족인 직장인의 아랫배처럼 불룩 나온 오뚜기 모양이다. 전철역을 이용하는 주민들과 이웃들은 이 오뚜기 모양의 놀이터를 가로질러 다니는 것이 지름길인지라 이동 곡선을 따라 놀이터 입구 쪽에서 출구 쪽까지 약 삼사십 미터쯤 되는 거리에 통행로를 만들 요량으로 심호흡을 한번 한 다음 눈을 쓸어내기 시작했다. 한참 눈을 치우며 길을 만들어가는 동안 미화원 아주머니의 고맙다는 인사와 일찍 집을 나선 이웃들로부터 "수고하십니다."라는 인사말에 더더욱 힘을 내어 한 시간 정도의 사력(?)

을 다한 끝에 사람 'ᄉ'자 형태의 폭 1미터쯤 되는 통행로 두 곳을 완성하였다. 눌러 쓴 모자 위로 김이 모락모락, 등엔 흘러내린 땀으로 내의가 착 달라붙었다. 혹시나 내다 본 다른 주민들이나 신임 동대표라도 나와서 거들 줄 알았으나 희망 사항이었다. 잠시 빗자루를 미끄럼틀 기둥에 세워놓고 가쁜 숨을 긴 호흡으로 달랬다. 아침 운동으론 다소 과했으나 땀 흘린 노동의 대가로 얻은 결과물에 흡족해하는 순간 아차, 근무지 아파트에도 눈이 많이 쌓였을 텐데 하는 생각과 함께 순간 내가 왜 남의 동네에서 이러고 있나 하는 생각이 들었다. 그리고 나선 곧 남모를 웃음도 나왔다.

적지 않은 나이로 소장 입문 과정에서 어려움을 겪었기에 소장으로 나가면 보란 듯이 열심히 하리라 마음먹은 게 어디 나뿐이랴만, 사는 아파트가 남의 동네 같고 근무지 아파트가 우리 동네 같은 마음이 들 줄이야 나도 몰랐다. 나름대로 열심히 하고 있다는 생각과 소장 부임 첫날의 초심이 아직은 남아있다는 일말의 자족감과 함께 이런 게 직업병인가 하는 생각에 절로 미소 지은 것이었다. 다음 날 출근해서 어제 제설 작업하느라 고생했다는 위로의 말과 함께 어제 일을 얘기하였더니 영선반장이 "소장님도 이제 우리 아파트 사람이 다 되셨네요." 하며 같이 웃었다. 마침 사무실에 들른

대표회장이 무슨 좋은 일이 있느냐는 물음에 나도 이젠 어엿한 우리 아파트 주민으로 인정받았다며 그 일을 얘기했더니 소장님이 평소 우리 아파트 생각을 많이 해서 그런 것 아니겠냐며 고마워했다.

어디서든 자기 하기 나름이다. 풍부한 지식과 경륜으로 주민들의 신망을 받는 선배 소장을 따라가기에는 아직 역부족이나 초임답게 열심히 하며 부족한 점 하나하나 채워 가리라. 현장실습 때 사수였던 Y 소장님의 당부가 생각났다. 500명의 주민이 사는 곳이면 천 개의 눈이 지켜보고 있다는 생각으로 일을 해야 한다고…. 그 당부의 말 오래 지니도록 노력하리라. 바라건대 소장님 계신 그곳이나 이곳 모두 이번 겨울 눈 폭탄 없기를 소망해본다.

남자의 계절

가만있어 보자…. 소장을 비롯한 관리직원과 경비원, 미화원까지 단지 식구가 24명이다. 작년 말로 80세까지 근무하시다 취업규칙상 더는 어찌할 수 없었던 근속 28년 차 반장 한 분이 퇴직한 후의 인원이다.

장기근속 노고에 대한 감사의 표시로 연초 시무식 때 꽃다발과 금일봉으로 퇴임식을 치러드렸다. 퇴직한 반장님은 근속 기간만큼이나 단지 구석구석에 본인의 손길이 닿지 않은 곳이 없고 단지 내 시설구조는 본인의 손금 보듯 훤했던 분이었다. 함께 입사한 반장 한 분이 이미 집안 사정으로 사직한 게 얼마 전이라 그동안 혼자 영선업무를 감당해 오셨기에 더더욱 후임 인선에 고민이 더욱 컸다.

그런 고심을 하던 중 영선업무는 심야 민원이 거의 발생하지 않으니 현재의 격일제 근무를 일근제 형태로 바꾸어 한 명의 인건비 절감분을 관리직원 6명의 임금 인상 재원으로 사용하고 지금보다 다소 상향된 임금으로 인력을 채용하는 게 어떠냐는 본인의 전 근무지 사례를 언급한 과장의 조언에 귀가 번쩍 띄었다. 아니래도 임금수준이 인근 단지보다 다소 낮은 수준이라 채용에 애먹었던 게 어디 한두 번이었던가. 그게 좋겠다 하고 대표회장과 몇 차례 협의한 결과 절감분 전액을 임금 조정에 투입하여 인근 단지와 최소 비슷한 급여 수준을 확보하겠다는 본래의 뜻은 이루지 못하고 50:50 비율로 임금 인상과 관리비 절감 재원으로 배분하는 것으로 최종 타결하였다.

　인근 단지의 임금 평균보다 최소한 같거나 조금이나마 높은 수준으로 확보하여 직원 채용 시마다 겪었던 고충을 없애려 했던 의도는 대표자들의 견고한 수비벽에 막혀 뜻을 이루지 못했으나, 그런대로 이웃 단지와 비슷한 수준을 확보한 셈이다. 임금 문제와 관련하여 대표자들과 네 번째 경기(?)를 치러보지만, 임금 인상과 관련해서는 평소에 볼 수 없는 그런 철통같은 수비력이 어디에서 나오는지…. 세계적으로 유명한 이탈리아 축구의 빗장수비(카테나치오)는 저리 가라 할 정도이며 한때 세계 축구를 제패했던 네덜란드 축구의 토탈사커(Total soccer)인 양 눈짓 하나 손짓 하나에 호흡이 척척 맞는 게 가히 드림 팀이었다. 마치 부처님이 말없이 들어

올린 연꽃 한 송이의 뜻을 알아차린 염화시중 가섭존자처럼 자기들만의 이심전심으로 평소에 볼 수 없던 경기력을 발휘하기에 번번이 경기 결과가 신통치 않았으나, 이번엔 그런대로 1:1 정도의 무승부 경기를 치른 셈이다.

앞으로 인력 충원을 위한 채용공고 시 과거와 달리 적정 수의 이력서는 확보할 수 있으리라는 생각을 위안 삼아 아쉬운 마음을 달랬으나, 최소 지역 평균을 상회하는 급여 인상을 주장한 관리소장은 밉상을 떤 대가가 고스란히 반영되었다. 고스톱 규정에 있는 '독박'이 이런 경우인가? 아니, 축구팀 감독이 팀 전력을 높이기 위한 의견도 못 내나? 4.3.3 전술을 4.2.4로 한번 바꿔보자고 의견 낼 수 있고, 수비수 또는 공격수 보강을 구단에 요청할 수 있지 않은가? 아니면 선수협의회장의 위치에서 선수들의 처우 개선을 제안하거나 제시할 수도 있는 것인데 말이다. 안 그러면 선수들의 권익 보호, 처우 개선 주장은 누가 할 건데….

그래, 어디 두고 보자! 한 팀에서 5년을 뛰고 나면 FA(Free Agent, 자유계약) 자격은 주어진다고 했겠다. 5년 전에 얼씬거렸던 스카우터에게 이적 의사가 있음을 넌지시 흘려봐야지 하는 생각을 작년부터 했는데…. 무엇이 그리 바쁜가, 자가격리 중인가, 확진 판정이라도 받았나? 아니면 전국 방방곡곡에 참신하고 유능한 꿈나무가 넘쳐나서인가? 일 년이 지나도록 스카우터라곤 얼씬도 하지 않는다. 아마도 효용가치가 점점 떨어지고 있는 늙다리이기에 원하는 팀이 없는가 보다.

정수기 냉수 한 컵 아니 한 사발 들이켜고 다음 달 회의 안건이나 정리해야겠다. 그래도 이번 연말에 다시 한번 소리쳐 보리라. 지난해보다 조금 낮은 목소리로.

"박찬호, 류현진, 손흥민 대박 터뜨려 준 그런 능력 있는 스카우터 양반들 다들 어디 계시오?"라고…. 해마다 늦가을이면 지난해와 다를 바 없는 혼자만의 이런 상념 아니 잡념에 빠져본다. 그래서 가을은 남자의 계절이라는가 보다.

작은 인연

사무실 벽시계가 오후 3시를 가리키고 있다. 누군가 말했듯이 하루 중 무엇을 시작하기도 또 포기하기에도 애매한 그 시각이다. 컴퓨터 화면에서 잠시 눈을 떼고 기지개를 켠다. 전화벨이 울렸다. "소장님이시죠. 지난번 관리과장 채용 공고에 하루 늦게 응모했던 G입니다." 기억이 났다. 서류 접수가 끝난 다음 날 서류가 접수되었다. 보유 자격이 충분해 면접 기회가 주어졌고 최종 그가 선택되었다. 과장으로 부임한 지 보름 만에 관리소장의 사직으로 자격증을 보유한 그가 소장으로 발탁되었다고 했다. 그만한 역량을 인정받았기에 발탁된 것이라 하고 축하의 말을 건넸다. 진작 연락하려 했으나 단지 사정으로 늦어졌다며 언제 식사 한번 하자고 했다. 그런 자리라면 사양하지 않겠다며 당시 면접자인 본부장과 통화 후 다시 연락하라고 했다. 그러잖아도 먼저 통화했으나 현장에서 열심히 근무하는 것으로 족하다며 사양했다고 한다. 본부장의 성품을 알고 있기에 '그랬겠지.' 하며 미소를 지었다.

입사 당시, 채용과 관련한 발전기금 등에 관해 한마디 언급도 없었고 식사 한 번 대접할 기회가 없었다. 부임한 지 몇 달이 지나 업무차 방문했을 때 거의 끌고 가듯 하여 점심 한 끼 한 게 전부였다. 그런 회사와 사람이었기에 업무에 매진하여 위탁관리 계약 연장으로 회사에 보답하고자 했다. 어쨌든 기분 좋은 소식이다. 하루 늦게 도착한 G 소장의 지원서류를 본부장과 의논 후 전달해 준 것이 내가 한 일의 전부다. 전화를 받기 전까지 통화한 적도 없었고 근무지 연락처도 모르고 있었다. G 소장으로선 나의 작은 배려로 새로운 진로가 모색되었으니 밥 한 끼 대접하고자 함은 어쩌면 당연한 일이기도 했다.

온라인 모임 공간에서 알게 된 J도 유사한 경우다. 가입 당시 회원 수 3만이었으나 최근 14만으로 공동주택 종사자 온라인 모임으로 전국 최대인 카페다. 십여 년 전 가입 후 취업이나 업무 관련 유용한 정보를 얻음은 물론 카페 활동을 통해 많은 사람을 알게 되었다. 주택관리사 자격 취득 후 취업에 어려움을 겪고 있을 때 취업전략 수정을 조언해 준 사람도 카페의 지인이었다. 그런 도움을 받았기에 나 또한 기회가 있다면 같은 길을 가고자 하는 이에게 작으나마 도움을 주리라 생각했던 것이다.

  J는 자격증 취득 후 주택관리업계 진입을 모색 중이었으나 여의치 않아 다른 직종에 종사하며 카페에 글을 올리고 있었다. 긴 글은 아니었으나 격이 있고 해학도 있었다. 그의 글을 접한 후 계속 글을 찾아보며 댓글도 달았다. 글에는 글쓴이의 생각 또는 관점, 철학이 깃들어 있다. 이런 글을 쓰는 사람이면 인성이나 역량 면에서 충분하리라는 판단에 그가 이른 시일 내 취업의 관문을 뚫어내기를 소망했다. 얼마 후 근무지의 반장 한 사람이 이직하여 모집공고와 함께 그에게 이력서를 보내라 했다. 두 사람의 후보자 중 그를 의중에 두고 선임 반장의 의견을 물었다. 반장의 생각은 나와 달랐다. 그만둔 반장이 주택관리사 자격보유자였기에 이직한 것이라며, 잠시 머물다 갈 사람보다 오래 함께 근무할 것으로 판단되는 다른 후보자를 채용하길 원했다. 고민 끝에 전후 사정을 설명하고 양해를 구하는 메일을 그에게 보냈다. 아쉬움이 있으나 근무자 간의 호흡을 우선하여야 했다. 얼마 후, 회사 인트라넷에 구인 공고가 게시되었음을 연락받고 J에게 이력서를 내보라고 했다. 해당 단지의 사정으로 이력서 접수한 날 면접을 통보받고 다음 날부터 근무를 시작하였다.

지난번, 채용하지 못한 설명과 양해를 구하는 메일을 보낸 것과 관련하여 그가 카페에 실명을 언급하며 글을 올렸었다. 채용 시 합격자 외에는 결과 통보를 하지 않는 것이 업계 관행이며 풍토인데 기대하지 않았던 채용하지 못함에 대한 양해의 메일을 받은 것에 대한 소회의 글이었다. 채용 후 걸려 온 전화에 글을 올리더라도 실명 언급은 하지 말라고 했다. 그는 지금 관리과장으로 근무 중이다. 기사로 취업한 지두 달 만에 90kg에 이르는 그의 듬직한 체구와 업무수행 역량을 지켜본 관계자의 추천으로 1,000세대 대단지 관리과장으로 영전한 것이다. 덕분이라며 감사의 마음을 담은 장문의 메일을 보내왔다. 그 역시 본인의 복이니 열심히 근무하라 답했다. 그 외 카페 활동을 통해 알게 된 몇 사람을 관리소장, 과장, 기사로 추천하여 잘된 일도 있고 안된 일도 있다.

지금도 같은 생각이며 변함이 없으리라. 내가 업계에 입문하게 된 경위가 그러했고 회사와 본부장에게 받은 처우가 그러한데 어찌 다를 수 있을까. 내가 받은 대로 또 힘이 닿는 대로 업계 입문과 복귀를 원하는 후배들에게 작은 도움을 줄 수 있다면 그것으로 충분한 것이다. 그들 역시 그런 기회가 있다면 도움이 필요한 이들의 손을 잡아 줄 것이다. 인연을 맺는다면 선한 인연이어야 하고, 이해득실을 따지는 그런 인연은 피하고 싶다. 작은 인연이긴 하나 때에 따라 큰 인연으로 발전하기도 하는 것이 세상사가 아닌가. 그런 생각을 하게 해준 회사와 본부장이 고마울 따름이다. G 소장과 J 과장의 건승을 기원해 본다.

가는 사람, 오는 사람, 기다리는 사람

가는 사람

마을버스, 지하철, 버스로 갈아타며 출근하던 경리 주임이 월요일 오전 사직 의사를 밝힌 후 3일 만에 사직하였다. 고교생 아들과 유치원 졸업반 늦둥이 딸을 둔 그녀와 함께 일한 지 2년인데 사직 의사는 불과 3일 전에 들은 것이다. "아니, 갑자기 그만둔다고 하면 어떻게 해? 후임자를 뽑아야 하는데 일주일쯤 전에는 얘기했었어야지." 지난 토요일 면접하고 결정된 일이라 어쩔 수 없었다고 하는 그녀의 말투에는 결연함과 비장함마저 서려 있었다. 3일 만에 마땅한 적임자를 구한다는 보장도 없고 인수인계도 해야 하는데 일단 그쪽으로 출근하고 후임자가 물색 될 때까지 며칠간 양해를 구할 수 없겠느냐는 말에 단호히 어렵다고 한다. 말인즉 근무 여건도 좋은 데다 무엇보다 집과 가깝고 지원자도 많아 목요일인 1일부터 출근을 약속했다는 것이다. 평소 일 처리가 야무지고 단단해 경리회계업무는 물론 민원 응대를 비롯한 그녀의 일 매무새를 전폭적으로 신뢰하고 의지하였기에 예기치 않은 사직 통보에 당황스러웠다. 가끔 한 시간이 걸리는 출근 거리와 늦둥이 딸의 유치원 수발에 피곤함을 넋두리하던 그녀였다.

열흘 전쯤이었다. 아침 출근을 20분가량 늦게 하면 안 되겠느냐고 불쑥 물어왔다. 그때 그녀의 복잡한 심중을 헤아리지 못한 것은 나의 미욱함 탓이리라. 출근길에 유치원에 데려다준 딸을 데리러 간다며 칼퇴근으로 버스정류장을 향해 종종걸음 하던 그녀였다. 그런 뒷모습에 이 시대 워킹 맘들의 고단한 삶을 일부나마 이해하고 측은한 마음도 들어 일이 있는 경우에는 그리하더라도 매일 늦는 것은 곤란하지 않겠냐는 원론적 답변만 했었다. 경리 주임보다 3개월 늦게 부임하였기에 부임 후 전반적인 단지 사정을 파악하는데 1년 동안 세 번의 사직서를 내밀었던 과장의 경우에 비하면 그녀의 도움이 훨씬 컸다. 야무진 성격대로 그녀의 업무처리와 민원 응대 품새는 부족함이 없었다. 지난 2년간 26년 차 단지에서 발생하는 크고 작은 많은 일을 무난하게 처리할 수 있었던 것도 내부 업무를 단단하게 받쳐준 그녀가 있었기에 가능했었다. 그런 그녀가 경리 주임이라는 사실을 큰 복이라 생각하고 그녀의 역량을 대표자들에게 종종 어필하곤 했다.

그날 오전 내내 속이 끓었다. 그래도 이 시대 워킹 맘들의 고충을 어느 정도 이해하는지라 나름의 배려는 하고 있다고 생각했는데 매몰찬 처신에 이건 좀 너무한 게 아닌가 하는 야속함마저 들었다. 짧은 대화로나마 아직 결심이 확고한 것을 확인한 후에는 후임자 물색이 시급하였다. 구인 공고로 3일 만에 그녀만한 적임자를 구할 수 있을까 하는 걱정과 함께 우선 주변의 도움을 청해 보기로 하고 전화기를 들었다.

'경험상 채용은 공채보다 주변의 추천과 소개에 의한 경우가 신뢰할만하고 수고를 덜게 한다. 지금의 L 과장을 그런 과정으로 채용하였고 결과 또한 기대에 어긋나지 않았기에 좋은 사람 소개해 준 동료가 고마웠다. 나 또한 친구의 소개로 입문하였기에 누가 되지 않으려 죽을 둥 살 둥 기를 쓰고 있지 않은가!'

오는 사람

마침 추천할 사람이 있으니 연락드리도록 하겠다는 지인과의 통화가 있은 지 20여 분쯤 지났을까? 첫 번째 지원자의 전화를 받았다. 사무실로 오겠다는 그녀를 가까운 곳이니 내가 가겠노라 하고 약속 장소로 차를 몰았다. 빨리 후임자를 물색해야 한다는 절박함 때문이었다. 모레까지 후임자를 구하지 못하면 인수인계에 차질은 물론 업무수행에 문제가 발생할 건 자명하였다. 서울 외곽 소재 700여 세대 단지로 지역 평균보다 다소 밑도는 급여인지라 500세대 이상의 근무경력이 1~2년 차 정도면 채용하리라 마음먹었다.

준비해 온 이력서에 기재된 사회경력, 근무경력과 대화를 통해 그녀에게 받은 인상은 서울지역 어디에 내놓아도 부족함이 없었다. 오늘 당장 부임하더라도 모든 업무가 물 흐르듯 순탄할 것 같았고 40대 중반의 연륜과 온화한 인상은 웬만한 민원도 무리 없이 잘 처리해낼 것 같았다. 이 정도의 후보자라면 우리 단지에 충분하다기보다 과분하다는 생각이었다. 식사 중 간간이 말하는 그녀의 퇴직과 재취업 사유 등은 귓등으로 흘리며 머릿속은 온통 어떡하면 그녀의 승낙을 얻어낼 수 있을까 하는 생각으로 꽉 차 있었다.

맛있는·점심을 대접받았으니 커피는 자신이 사겠다는 그녀의 제안으로 부근의 커피숍으로 장소를 옮겼다. 그녀가 서빙해 온 커피를 한 모금 마신 후 조심스레 본론을 꺼냈다. 이제부터 입장이 역전되는 것이다. 내가 그녀를 선택하는 게 아니라 그녀로부터 선택을 받아야 한다. 부디 그녀의 선택이 있기를….

　평균에 다소 못 미치는 급여 때문에 일 년 전 겪은 아픔이 아직 가슴 한편에 남아있다. 누군들 높은 수준의 급여를 마다할까만 그게 관리소장 뜻대로 되는 게 아니지 않는가. 일 년을 채우자마자 또 사직한다며 내미는 과장의 세 번째 사직서를 두 말도 하지 않고 수리하고 후임자 물색을 위한 구인 공고를 활동 중인 카페에 올리면서 급여가 마음에 걸렸다. 비록 미흡한 수준이나 이왕이면 카페 식구 중에서 후임자를 구하겠다는 의도였으나 곧 후회가 되었다. 공고에 달린 댓글을 보며 다시는 카페에 올리지 않으리라 마음먹었다.

　내가 원하는 근무조건으로 딱 맞게 취업하는 사람이 과연 몇이나 될까? 본인이 보유한 역량과는 상관없이 평균 수준의 급여보다 조금 낮거나, 근무 여건이 상대적으로 열악하더라도 개인적 상황에 따라 선택해야 하는 경우가 왜 아니 없으랴. 또 그런 급여 수준임을 알면서 구인 공고를 올리는 것도 용기가 필요한 것이다. 그런 속사정도 헤아리지 못한 채 과장 급여가 우리 반장 수준이네, 어디보다 많네, 적네 등의 댓글에 기분도 상했지만 사려 깊지 않은 댓글 다는 이에게도 부아가 치밀었다. 소장인들 왜 빵빵한 금액으로 공고하고 싶지 않을까? 댓글 다는 사람에 대한 실망과 짜증으로 다시는 카페에 올리지 않으리라 생각했다.

경력이나 소양은 백 점 만점에 백 점 아니 그 이상이었던 첫 번째 그녀와의 면접은 커피잔을 다 비우기도 전에 끝이 났다. 급여액을 전해 들은 그녀가 좀 생각을 정리해 본 다음 연락드리겠노라고 했다. 강요할 순 없는 일이나 함께 근무할 기회가 있길 바란다는 말로 면접을 마치고 사무실로 복귀했다. 두어 시간 지났을까 짐작한 대로 그녀로부터 추천한 사람의 입장을 고려한 완곡한 거절 의사를 전달받았다. 서울 평균이 아닌 지역 평균에도 밑도는 급여 때문에 그녀의 선택을 받지 못한 것이다. 내가 그녀의 입장이라도 그랬을 것이다. 경력자인 그녀로선 최소한 전보다 같거나 좀 더 나은 조건으로 재취업하려 함은 당연한 일이다.

아쉬움이 컸으나 그녀에 대한 미련은 일장춘몽으로 생각하고 몇 군데 더 도움을 청한 뒤 협회 구직 사이트를 살펴보았다. 예전에는 월급여액으로 표시하였으나 지금은 포괄적인 연봉으로 표기하고 있어 심적 부담이 덜하였다. 카페에 다시 한번 올려볼까도 생각해 보았지만 향후 선택받지 못한 카페 식구들을 대할 일이 부담스러워 그만두기로 했다. 퇴근 무렵 협회에 구인 공고를 올려놓고 퇴근하였다. 그날 저녁 몇 차례 메일을 조사해 보았으나 첫날이라 지원자가 많지 않았다.

이튿날 열어 본 메일에는 열 통이 넘는 이력서가 수신되어 있었다. 밤늦게까지 구인 공고를 검색하는 사람이 많았던 모양이다. 첫 번째 지원자에게 퇴짜를 맞는지라 눈높이를 낮추기로 했다. 경리 주임이 따로 구인 공고를 낸 덕분으로 10여 통의 이력서를 추가로 건네받은 것까지 지원자는 스무 명에 이르렀다. 예상보다 응모자가 많음에 취업난이 이 정도인가 생각하며 이력서를 살펴보았다. 6:4 비율의 신인과 경력자였고 현장에서 실습 중인 신인들도 많았다. 경리 주임, 과장과 함께 검토하여 오후 면접이 가능한 세 사람을 선정하고 한 시간 간격으로 면접 시간을 통보했다.

오후 첫 번째 후보자에게 어제와 같은 사유로 또 퇴짜를 맞았다. 경력자의 채용에는 그에 걸맞은 수준의 급여가 제공되어야 하나 사정이 그렇지 못함에 당연한 결과이다. 관리소가 지하가 아닌 지상 1층이다. 노인정, 회의실과는 별동의 건물이라 무시로 들락거리는 입주민이 없다. 관리주체와 동별대표자와 관계도 우호 협력적이다. 대표자 간에 볼썽사나운 주도권 다툼도 없다. 결재 지연으로 속 끓일 일도 없다. 업무 외적인 스트레스는 없다 등의 잡다한 사항으로는 그녀 마음속의 급여 차액의 벽을 허물지 못했다.

마지막 발언으로 장담할 순 없으나 차액 부분만큼 내년 임금 인상에 반영되도록 최선을 다해보겠다는 사족도 말한 이의 초라함만 더했을 뿐이었다. 어쩌면 그녀는 더 좋은 근무환경에서 더 높은 급여를 받았었기에 그런 것들은 그녀에게 당연하였는지 모른다. 결국 "차액을 감수하며 일하기는 좀 그래요. 조금 더 쉬면서 다른 곳을 알아보겠습니다."로 끝이 났다. '혹시나'가 또 '역시나'였다.

급여가 평균 수준을 밑돌아 직원 채용 시마다 애를 먹는 것이 어디 내 탓이랴? 2년 거푸 임금 조정 시 인근 단지 전년도 임금에도 못 미치는 수준의 금액으로 일방적으로 발표하던 대표회장이 그 자리에 있어야 했다. 이 수준의 급여로는 앞으로 직원 채용 시 우리 단지에 적합한 적임자를 구하기가 쉽지 않을 거라 했으나 그럴 리가 하는 표정을 짓던 그라면 뭐라고 했을까? 단지 규모와 상황에 걸맞고 그들의 기대 수준에 부합하는 적임자를 구하려 함에 최소한 지역 평균과 동등 수준의 임금은 제공되어야 하는 것 아닌가? 그 얼마의 금액 조정에 왜 그리 인색한 것인지….

두 번째 퇴짜를 맞고 느낀 바가 있어 급하게 다음 면접 예정자에게 전화했다. 경리 주임 급여액이 이러하니 그런데도 근무할 의향이 있으면 면접하러 오라 했다. 피차간에 시간 낭비나 번거로운 수고를 하지 말자는 취지였다. 한 사람은 오지 않겠다 하고 다른 한 사람은 온다 했다.

 세 번째 면접한 그녀에게 낮은 임금에도 오겠다는 이유를 물은 즉, 대표자들 간의 알력으로 인한 업무 외적 스트레스가 많았다며 급여도 중요하나 마음 편하게 일할 곳을 찾으려 한다 했다. 그런 점은 걱정 안 해도 된다고 하고 그녀의 듬직한 체격만큼 흡족한 마음으로 면접을 마쳤으나 뭔가 아쉬움이 남았다. 잔여 이력서 중 한 사람을 더 선택하여 면접한 네 번째 그녀 또한 한 시간 출근 거리임에도 그런 사정으로 퇴사하였기에 근무할 의향이 있다고 했다. 두 사람 모두 앞서 퇴짜 놓은 그녀들의 경력에 비해 전혀 부족함이 없었다. 이런 일도 있구나 싶었다. 남의 단지 복잡한 사정이 내게 도움이 되었으니 세상사가 다 그런 것인가 보다 하며 최종 선택을 위한 고심에 들어갔다.

 두 사람은 대조적이었다. 전자는 듬직한 체격만큼이나 웬만한 민원에는 끄떡도 하지 않을 느긋한 성품으로 판단되었고 집도 가까웠다. 후자는 차분하고 세심한 성품으로 업무처리에는 전임자 못지않게 빈틈이 없어 보였으나 한 시간 출근 거리에 체격조건도 전자와는 비교되었다. 오늘 결정해야 내일 하루 인수인계가 가능했기에 최종 몇 시간의 고민 끝에 퇴근 무렵 유들유들하고 느긋한 성품으로 판단되는 듬직녀에게 내일 출근하라 통보하였다. 한 시간 거리에 마이너스 급여도 마다하지 않고 면접에 응해 준 후자에겐 근거리 거주자를 채용하였음을 미안함을 실어 통지하였다.

기다리는 사람

주택관리사 수첩을 받았을 때는 곧 취업이 되는 줄 알았다. 취업만 되면 초임 소장으로 정말 열심히 하리라는 다짐도 많이 했다. 대형 위탁사의 공채마다 정성껏 작성한 이력서와 자소서를 보냈건만 어디 한 군데도 합격 통지는 고사하고 불합격 문자조차 보내주는 곳이 없었다. 이 바닥이 원래 이런 곳인가 하며 사람이 전부인 업계의 문화라기엔 바람직하지 않다 싶었으나 곧 적응이 되었다. 이후 수개월 동안 개별 공고에 20여 차례의 이력서를 보냈음에도 단 한 통의 전화나 문자를 받아보지 못했기에….

그날 퇴근 후 출근 통보한 듬직녀와 면접자를 제외한 모든 응모자에게 근거리 거주자로 채용하게 되었음을 알리고 더 좋은 곳에 더 나은 조건으로 취업하길 바란다는 간단한 내용의 메일로 미안함을 전했다. 몇 분들에겐 기회가 닿는다면 추천해 드리겠노라는 마음도 함께 보냈다. 다음 날, 가는 사람과 오는 사람 간의 인수인계가 무난하게 진행되는 모습에 내심 안도의 한숨을 쉬었다.

관리소의 업무 중 경리회계업무는 민원 응대와 함께 기본 중의 기본이다. 기본이 견고하지 않으면 다른 업무에 전념할 수 없다. 예정에 없던 긴급 채용이라 좀 더 시간을 두고 봐야겠지만 우선 발등의 불은 끈 셈이었다. 짧은 이틀간에 두 달가량 더 늙어버린 심정이었다. 새로 온 듬직녀 또한 워킹맘이기에 단지 식구로 안착하는데 좀 더 신경을 쓰고 배려해 주리라 다짐도 했다. 급작스러운 경리 주임의 사직 통고로 인해 벌어지고 겪은 일들이 오고 가는 사람 간의 업무 인수인계가 진행되는 것으로 마무리되었기에 잊고 있었던 채용공고를 내리는 것으로 이틀간의 혼란을 마무리 지었다.

점심 식사를 다녀와 열어 본 메일에는 추가 접수된 이력서와 회신 메일이 몇 건 있었다. 어제 보낸 통지에 대한 답신으로 채용 결과를 알려주어 고맙다는 내용이었다. 의당 알려드려야 하는 일이니, 회신하지 않아도 그만이나 통지해 준 의미를 알기에 그에 대한 마음으로 답해 온 것이었다. 그날 그런 메일을 6통이나 받았다. 어떤 분들인가 이력서를 다시 살펴보았다. 거의 다른 지역 거주자이고 40대 후반이다. 한

두 명의 중·고생 자녀를 두고 있는 분들이다.

옛날과 달리 요즘 자녀의 양육에는 만만찮은 비용이 수반되기에 한 사람의 수입만으로 뒷받침하기에는 많은 절제가 요구된다. 자녀들이 원하는 만큼이나 부모로서 해주고 싶은 것을 다 해주기에는 턱없이 부족하다. 더구나 그 수입원마저 언제 어찌 될지 모르는 불안한 시대가 아닌가. 그러기에 누구보다 취업을 원했고 소식을 기다렸을 분들이다. 새삼 미안함과 안타까운 마음으로 향후 기회가 있으면 이분들을 추천하리라 생각하고 이력서를 따로 챙겨두었다.

내가 필요로 할 때 응해준 분들이다. 다른 일도 아닌 취업 여부에 대해 궁금함은 인지상정이니 알려드려야 함은 당연한 일이다. 나 역시 수년 전 이들보다 더한 기다림과 목마름의 시간이 있지 않았던가. 지금은 비록 통지하는 처지나 그게 과연 얼마나 지속될까? 오래지 않아 나 또한 그들처럼 기다림 속에 있을 것임에 이를 헤아려주는 작은 배려는 결코 그들만을 위함이 아니다.

지금, 이 순간에도 기다리는 사람이 많이 있다. 왜국 사신 떠난 남편 무사 귀국 기원하다 망부석 되어 기다리고, 현직에 있는 당신들은 더 좋은 자리가 나길 기다린다. 자격증 갓 취득한 새내기는 채용되길 기다리고 직원 채용에 스트레스 많은 소장 빵빵한 급여로 구인 공고 올릴 날을 기다린다.

 세상사 모두가 이런 기다림의 연속이고 우리 또한 그 기다림 속의 만남과 인연인데 그 기다림과 목마름을 헤아리고 배려함에 굳이 인색할 필요가 있을까? 서로를 배려하고 존중하는 마음이 그 어느 때보다 요구되는 시대에 당신과 나, 우리가 함께 살고 있지 아니한가!

해프닝, 반전, 엔딩

프롤로그

주택관리사 자격증 취득 후 처음 부임한 단지가 SH 공사(서울주택도시공사) 성북구 300세대 임대아파트였다. 위탁관리 업체는 일 년마다 환경평가, 업무 지도점검이란 두 차례의 평가와 점검을 받았다. 민원 발생, 지시사항 이행, 기타 업무 협력 등의 요소들을 점수 환산하여 85점 이하면 위탁관리계약 종료, 이상이면 일 년, 90점 이상이면 이 년 연장된다. 소장으로 부임한 그해 종합 평가에서 일 년 연장되어, 다시 이 년 연장에 도전한다는 마음으로 일하고 있었다. 이듬해 4월과 7월에 실시된 평가와 점검도 무난하게 치렀기에 평가 결과가 궁금하였다.

지난 일 년을 돌이켜 볼 때 나름대로 직원, 경비원, 미화원들과 호흡이 잘 맞았으며 임차인 대표들과도 우호 협력적 관계였다. 또 휴관 중이던 경로당 재개관 등 크고 작은 여러

일을 잘 처리했고, 쟁점이 될 만한 문제나 민원이 없었기에 내심 연장에는 큰 무리가 없으리라 생각했었다.

해프닝

8월 하순, 본부장 전화가 왔다. 기다리던 평가 결과에 관한 것이 아니라 총무팀에서 계약만료 통보와 함께 퇴직원 제출 등의 서류를 보내는바, 이는 사규상 절차적 행위이니 그리 아시고 신경 쓰지 말라 했다. 알겠다 답변하고 작년에도 이런 절차가 있었나 생각했다. 며칠이 지난 후, 회사로 전화하여 SH 공사 측으로부터 아직 평가 결과에 대한 통보가 없었냐고 물었다. 가끔 업무상 통화하는 J는 아무렇지도 않게 통보가 있었기에 계약만료 서류를 보내드린 것 아니냐고 했다. 성품이 싹싹하지 못한 점은 알고 있었으나, 그날은 유난히 그 말투가 거슬렸다. 전화한 사람의 입장을 헤아린다면 그런 결과에 대한 위로의 말은 차치하고 어찌 그렇게 말을 할까 싶었다. 맥이 풀린 목소리로 "그래요. 알았습니다." 하고 소리 나게 전화기를 내려놓았다.

기대와 다른 결과와 사려 깊지 못한 답변에 썰렁해진 마음을 진정시키며 '이 단지와 인연이 여기까지인가 보다. 언젠가는 당면할 순간이 지금인 모양이구나.' 하며 얼마 전 본부장과 통화한 일이 생각났다. 그런 임기응변의 처신을 할 성품이 아닌데, 왜 사실대로 얘기해 주지 않았을까 하는 의아심과 차마 계약이 종료되었다고 말하기가 부담스러워 그랬나 하는 생각이 들었다. 그런 다음 올해 평가와 점검 부문에서 무엇이 잘못되었을까 하며 되짚어 보았다. 지난해 지역센터의 지원을 많이 받았고 두 건의 숙원사업도 해결하였다. 이를 금액으로 환산하면 2,300만 원이었고, 임대의(임차인대표회의)가 재구성되지 않았음에도 계획한 일을 차질없이 완수했다고 자신했던 한 해였다. 그랬기에 연초에 그간 업무추진 실적과 금년도 시급 인상률을 바탕으로 인근 단지에 비해 다소 낮은 직원들의 임금을 중상위 수준으로 올리겠다는 생각으로 급여 인상안을 준비했었다. 통, 반장으로 구성된 임시 대표자 회의를 소집하여 임금 인상안의 배경과 당위성을 설명하고 임금 인상을 주장하였으나 결과는 KO패였다. 단 1%의 급여 인상도 이뤄내지 못하고, 차기 임차인대표회의 구성 후 재논의하는 것으로 결정되었기 때문이다. 허탈한 마음으로 무엇이 이런 결과를 초래하였는지 돌이켜 보았다.

  지난해 업체 선정과 관련한 일 때문인가 했다. 청소·경비·소독 용역업체의 계약 기간 종료에 따라 관련 법규와 절차에 따라 입찰 처리한 결과 일부 주민(대표회의 구성 전의 임시 대표)들과 유착관계에 있던 기존 업체가 전부 탈락하였다. 개찰이 있었던 날, 퇴근 시간이 가까울 무렵 임시 대표자 두 사람이 불콰한 얼굴로 술 냄새를 풍기며 다시 찾아왔다. 낙찰된 금액으로 기존 업체를 재선정해 달라고 했다. 절차에 하자가 없어 번복할 수 없다는 답변에 소리치며 삿대질과 함께 이러면 재미없다, 소장 언제까지 하려고 그러냐며 소란을 떨었다. 법규와 방침에 어긋나는 일로 수용할 수 없다 하고 끝내 들어주지 않았다. 그 일로 소장에 대한 앙심을 품고 올해 평가 시 주민들을 회유하여 입주민 관리 만족도 평가 부문에서 낮은 점수를 주도록 유도하였는지, 아니면 소장이 권위적이므로 바꿔주길 원한다며 회사와 공사에 수시로 민원을 제기한 탓인가 싶었다.

　대다수의 주민들은 생업에 바쁘기에 무관심하거나 대표자와 소장이 알아서 잘하겠거니 하고 믿는 경우가 일반적이다. 그런 주민들과는 달리 본인의 존재감을 과시하고 싶어 하는 극히 일부의 주민은 어느 단지에나 있다. 이를 고려하여 주요 업무 내용과 민감한 잡수입 수입과 지출 내용은 관리규약 개정 전부터 게시판, 승강기, K-apt 등에 꼬박꼬박 게시, 공고해왔다. 업체 선정 또한 협의 상대가 없기에 관련 법규와 절차준수를 기본으로 하고 동료 소장들의 조언을 참고하며 처리하였다. 그런데도 관리소장이 입찰업무를 제 맘대로 처리하는 것 같다며 공사 측에 음해성 민원을 제기하여 확인 전화를 받기도 했다. 일의 진위야 어떠하든 관리 감독기관의 관점에선 시끄럽지 않은 것이 좋은 거라고 그런 민원조차 없는 것보다는 못하기에 이런 일이 발생한 관리업체를 바꾸려 하는 것인가 하는 온갖 생각이 다 들었다. 월요일 아침 직원들과 평가 결과에 관한 얘기를 나누었다. "나름 한다고 했는데 결과가 이러하니 아쉽지만, 이 단지와 인연이 여기까지인 것 같다." 하며 회사로부터 연락받은 내용을 전달하고, 아직 한 달여 계약 잔여기간이 남았으니 인수인계 때까지 평상시와 같이 일하고 마무리하자 하였다. 직원들 또한 예상 밖의 결과에 대해 놀라움과 아쉬움 그리고 결과에 대한 탄식이 잠시 있었으나 이내 퇴직금, 연차수당 등을 거론하며 받아들이려 하는 모습에 마음이 편치 않았다.

반전

그날 오후, 평소 많은 조언을 해준 동료 소장들에게 알려야지 하던 중에 전화를 받았다. "연장 어떻게 되었습니까? 잘 되셨지요?" 일주일 전쯤 그들과 함께 식사하며 평가와 관련한 얘기를 주고받았기에 확인차 전화한 것이었다. "아니요, 그 반대입니다. 회사로부터 종료되었다는 연락이 있었습니다." 전화기 너머의 설마 하는 기색이 눈에 선한 그들에게 내일 점심이나 하자 했다. 성원해 준 분들께 좋은 소식을 전해 드릴 수 없음에 씁쓸함과 미안한 마음이었다. 그간 많은 도움을 준 회사 본부장, 선배 소장에게 결과를 전하고 황망한 마음으로 일과를 마무리하던 중 임대 실장이 퇴근하며 "소장님, 인트라넷(사내 연락망)으로 문서 하나 보냈어요." 했다.

SH공사에서 관리하는 임대아파트에는 전입·전출 및 임대차 계약업무를 담당하는 별정직 직원을 일정 규모별로 두고 있다. 300세대인 근무지에 한 명이 배치되어 인근의 두 개 단지를 통합 관리하고 있었다. 행정지시 사항, 자료요구 등의 공문은 그 직원을 통해 전달받았다. 컴퓨터 하단에 깜박이는 문서의 제목을 흘낏 보았다. "재계약단지…" 앞의 몇 글자만 보였지만 이번 재계약과 관련한 통보임을 감지하고 연장되지 못한 단지까지 굳이 통보할 것까지야 하는 마음으로 일을 마무리한 다음 관련 문서를 출력하여 살펴보았다.

위로부터 단지명을 살펴보던 중 눈에 익은 단지 이름이 끝부분에 있었다. '아니, 이게 뭐야. 계약 연장된 단지명과 재계약 업무 일정을 통보하는 공문에 왜 우리 단지가 들어가 있지.' 하는 마음으로 거듭 확인하였다. 분명 근무지 아파트와 소속사가 틀림없었다. 반장에게 말했다. "아니, 이게 어떻게 된 거지? 잠깐 이리 와서 이 공문 좀 봅시다. 연장된 단지의 계약 일정 통보 공문에 우리 단지가 들어가 있네요." 반장과 함께 확인한 것은 분명 연장 통보 및 재계약 일정 안내 공문이었고, 그 명단에 근무지 아파트와 회사 이름이 들어있었다. 도대체 어찌 된 영문이지, 회사에서는 분명 만료되었다고 했는데…. 순간 안도감과 함께 엊그제 통화한 J의 얼굴이 떠올랐다. '아니 그럼 그제 통화한 건 뭐야.'

현진건의 단편소설 「B 사감과 러브레터」를 영화화하려는 감독이 있다면 강력히 추천한다. B 사감 캐릭터에 이만큼 딱 들어맞는 사람이 또 있을까 싶다. J의 체중과 신장을 10킬로, 10센티 정도 줄이고 뺀다면 딱 들어맞으리라. 같은 뿔테 안경인 건 분명하다. 그래도 분이 안 풀렸다. 그날 마음 썰렁했음을 생각하면…. 계약이 연장되었음을 재차 확인하고 회사로 팩스를 보낸 후 자리로 앉자마자 전화벨이 울렸다. "축하합니다. 소장님, 연장되셨네요. 수고하셨습니다." 본부장이었다. 마침 팩스를 보내려 하다가 내가 보낸 팩스를 보고 전화한 것이라 했다. 좀, 얄미운 생각이 들었다. 연장 여부에 대해 회사에 전화하기 전 본부장에게 먼저 전화하고 문자를 보냈으나 아무런 응답이 없었던 그였다. B 사감에게 마음의 상처를 입은 후에도 기대에 부응치 못해 미안하다는 문자를 보냈으나 아무런 답전도 없더니 인제야 팩스를 보고 축하한 다니… "아니, 전화며 카톡에 답전도 없더니만 어찌 그럴 수가 있어요. 지난번 절차상 서류 보낸다 해서 그리 알고 있다가 어제 연장 여부 확인차 전화했더니 J가 계약이 종료되어 서류 보낸 것이라기에 위탁관리 계약이 종료된 것으로 알고 미안하다는 문자까지 보내지 않았느냐." 하며 따지듯 말했더니 그런 일이 있었냐며 껄껄거렸다. 신규 위탁관리 수주를 위한 입찰과 PT 준비로 문자 확인할 여유가 없었다며 거듭 죄송하다고 했다. 어쨌든 연장되었으니 주중에 자리 한번 하자 했더니 아니래도 실습 단지 소장님과 연락되어 금요일 저녁에 만나기로 했으니 그날 만나자고 했다.

  퇴근 전, 인근 동료들에게 착오가 있었던 모양이라며 연장되었다는 문자를 보내고 축하 답전을 받고 그 외 몇 사람에게도 계약 연장 소식을 전했다. 소통의 부재가 시대적 화두임을 실감한 며칠이었다. 이 경우 소통의 부재가 아니라 오통의 문제였다. 'B 사감, 조만간 나 좀 봅시다. 사옥 옥상에

서 단둘이…'

엔딩

　한여름 소낙비처럼 한순간에 몰아쳐 마치 롤러코스터 탄 것처럼 나락으로 떨어트리고 치솟게 만든 숨 막힌 해프닝과 반전이 있는 한 주였다. 그 주 목요일, 연장 관리업체 대표자를 소집한 SH공사 주관의 회의가 소집되었다. 한풀 꺾인 더위 속에 아침부터 비가 오락가락하여 여름은 이제 다 지났구나 할 만큼 서늘한 하루였다. 비가 오니 근무지 가까운 곳인 센터까지 좀 태워줄 수 있겠느냐는 본부장의 전화에 쾌히 응낙하고 전철역에서 그를 픽업하였다. 비록 1년 연장이나 관계자에게 감사 인사를 전하고자 동행했다. 회의 준비 중인 담당과장을 만나 고맙다는 인사와 함께 편한 시간에 점심 한번 하자 하고 회의를 마친 본부장과 사무실로 복귀했다. 저녁 식사를 마치고 전철역으로 가던 중 본부장이 조심스레 말문을 열었다. "소장님, 대표자들 간에 의견대립이 심한 경우 소장님이면 어떻게 조율해 가실 겁니까?"라는 뜬금없는 물음에 절차상 하자 없는 적법한 의사결정이면 대표회의 결정대로 처리해야 하지 않겠냐고 답했다. "관리 단지 중 한 군데가 그런 문제로 소장님이 하도 시달려 좀 쉬겠다는 단지가 있어 지금 후임 인선 중이며 후임 후보자 두 명의 이력서를 보내야 하는데, 소장님을 포함해 보낼까 생각하고 있다."라고 했다. 좀 어이가 없었다. 그 정도 단지면 현직 소장님이 저보다는 경력과 경험이 많을 것이고, 그런 분이 머리 아파 쉬겠다는 단지라면 짧은 경력이 전부인 내가 그 깜냥이 되겠냐고 했다. 적임자 한 사람이 물색 되었으나 복수의 후보자 추천 요구로 부탁하는 것이라 했다. 그런 의도라면 좋다. 저는 현직에 있고, 향후 1년은 확보하였으니 기꺼이 들러리 서겠다 하고 이력서를 보내마 했더니 본부장은 결정을 그쪽에서 하는 것이니 누가 선택될지 모른다고 했다.

설마 그런 불상사가…. 강남 한복판에 아파트, 오피스텔, 상가를 합하여 700세대가 넘는 주상 복합단지다. 대표자 대부분이 오피스텔이나 아파트를 최소 한두 채씩 소유하여 적지 않은 투자 수익을 올리고 있다. 자신들의 재산관리를 맡길 적임자로 관리소장 경력이 짧은 나와 풍부한 경험을 보유한 후보자 중에서의 선택이란 불 보듯 뻔한 일이기에 필요하다면 얼마든지 협조하겠다고 했다. 헤어질 무렵 다른 후보자 한 명은 발령 전 실습 단지의 소장님이라 하길래 그때의 신세를 일부 갚는구나 싶었다. 다음 날 새벽에 입사 당시 제출했던 이력서에 현재 경력을 추가하여 본부장에게 보내고 부분 수정 후 이력서가 제출되었다는 연락을 받았다. 그날 오후 용역업체 선정을 위한 준비로 바쁘던 중 본부장의 전화를 받았다. "어찌 되었습니까, 마무리 잘되었나요?" 하는 물음에 잠시 침묵의 불길한 기운을 감지하는 순간, 일루 오셔야겠다고 했다. 저녁 약속 장소로 오라는 것인지, 혹시 강남으로 가야 한다는 말인지 하여 "어디로요." 했더니 대표회장이 소장님을 선택했다는 것이다. 어라, 이게 뭔 일이며 무슨 이런 경우가 다 있나.

J와 오통이 있고 난 후, 이달 말 초임 소장 생활을 마감하면 열흘 정도 일정으로 작년에 작고한 독일 매형 1주기에 맞춰 독일 누님에게 다녀오리라 생각했었다. 다행히 해프닝으로 끝나 한숨 내쉰 게 엊그제인데 오늘은 소장들의 근무 희망지인 강남으로 이동이라니 이게 무슨 반전을 거듭하는 드라마 같은 일인가. 경력이라곤 내세울 게 없는 초임 소장이 강남 중심의 지상 17층 주상복합건물 관리소장이 된다니 이게 말이 되는 일인가. 그곳은 짧은 임대아파트 경력이 전부인 내가 아니라 서너 군데 이상의 경력자가 가야 하는 곳이 아닌가.

해프닝, 반전 그리고 생각지도 못한 이동 발령 등 이 모든 일이 일주일 남짓 동안 벌어진 일임에 실감이 나지 않았다.

내 사주에 요행이나 일확천금과는 인연이 없기에 로또나 사업과는 거리를 두라 했고, 어디서 귀인이 나타나 큰 도움을 주는 일은 없다고 했다. 본부장이 사주에도 없는 귀인인지는 두고 봐야겠으나 지난 며칠 동안 겪은 일로 아직도 어질하다. 누가 봐도 이건 사건이며 또 사건의 진행도 박진감 있고 드라마틱했다.

에필로그

회사의 명이니 따라야 하고 또 주어진 운명이라면 굳이 피할 생각도 없다. 하지만 걱정 또한 크다. 세계적으로 유명해진 강남스타일의 주 무대인 강남에서의 소장이다. 강북 임대아파트 관리소장이 강남 주상복합건물의 관리소장으로 탈바꿈하는지라 죽자 살자 승부를 걸어야 한다. 영화 <명량>의 장군님처럼 필사즉생의 심정으로 말이다. 그래도 힘에 부치면 까짓거 그곳에서 장렬히 전사하리라. 그래도 강남 한복판에서의 장렬한 최후이니 모양도 괜찮고 강남에서 한번 해봤으니 미련도 덜할 것이다.

며칠 후, 부임지의 전임 소장, 대표회장과 상견례를 했다. 다음 월요일 인수인계가 끝나면 그때부터 소위 강남 소장 대열에 합류하는 것이다. 부러움의 눈길도 있겠으나 걱정이 태산임을 살피시어 격려와 성원을 소망한다. 수년 전 나와 같은 절실함으로 취업의 문을 두드리는 사람이 많음을 알기에 초임 소장의 각오로 새로운 출발을 맞이하려 한다. 지금이 있기까지, 그날 저녁 진심 어린 축하와 격려를 해준 본부장, 실습 단지 소장, 전임 소장을 비롯해 성원과 지지를 아끼지 않는 이들에게 진심 어린 감사의 마음을 전한다.

2.
콩나물 심부름

식사 중 내가 심부름 다녀온 일을 전해 들은 아버님은 말없이 내 얼굴을 한 번 쳐다보시곤 식사를 계속하셨다. 나도 칭찬받으리라 생각하지 않았기에 아버님처럼 고추장을 풀은 콩나물국에 밥을 말아 한 그릇을 다 비웠다.

일기일회

콩나물 심부름

흑백 사진과 성적표

노익장 영감님의 쾌차를 기원합니다

파주 가는 길

스님과 신발

부르지 못한 노래

집밥

홈트와 목트

플루리움 뉴스

특별한 당신

귀환

네가 첫 번째다

예단을 보내며

사랑하는 남의 할아버지

엄마, 나 반장 됐어

독일 이웃 제시카

일기일회

　청도 운문사를 찾았다. 그곳에서 멀지 않은 곳에 정착한 죽마고우가 안내하였다. 공양을 담당하는 스님과 알고 지내는 사이라 더러 직접 가꾼 채소를 서로 나눔 한다고 했다. 대웅전 부처님께 참배 후 운문사 경내를 둘러보고 운문댐으로 가는 도중 은퇴하신 노스님이 계신다는 암자에 들렀다. 법명이 '벽송(碧松)'인 구순의 스님이셨다. 스님이 계시는 방의 벽과 바닥에는 온통 달마도와 붓글씨였다. 모두 스님이 손수 쓰고 그린 것이라 했다. 한국 불교계의 큰스님이셨던 청담 스님의 도선사 주지 시절 석불전 인등 번호 2번(1번은 형님이었다.)이었던 불자임을 새삼 강조하며 스님께 글씨 한 점 주십사 청했다. 노스님께서 "일기일회(一期一會)"라고 쓰신 글씨와 달마도 한 점을 주셨다. 글의 의미를 정확히 몰라 인터넷으로 검색해 보았다. "일생에 단 한 번밖에 없는 소중한 만남이나 기회"라는 뜻이었다. 다도(茶道)에서 차를 대접할 때나,

차를 끓여낼 때 지녀야 하는 마음가짐이라 했다. 중국 진(晉)나라 원언백의 "만년에 단 한 번, 천년에 단 한 차례뿐인 귀한 만남 '만세일기 천재일회(萬歲一期 千載一會)'"에서 나온 말이었다.

  모든 순간은 생애 단 한 번의 시간이며, 모든 만남도 생애 단 한 번의 만남이라는 뜻이다. 이 모든 것이 생애 단 한 번이니 지금, 이 순간을 놓치지 말라는 뜻으로 수년 전 회자되었던 '까르페 디엠'과 일맥상통한다고 할까. 지금을 어떻게 사는가 하는 것이 다음 생의 나를 결정한다. 매 순간 우리는 다음 생의 나를 조각하고 있다. 그러니 오늘이 내 생애 마지막 날인 것처럼, 내일이면 이 세상에 없을 것처럼 그렇게 살아야 할 일이다.

  부모님과의 인연이 일기일회였다. 부모님과 함께한 시간은 돌이켜 보면 그리 길지도 않았다. 과연 부모님과 함께 얼마나 즐거운 순간을 함께했으며 제공해 드렸는가? 기쁨과 즐거움은 찰나에 불과하고 걱정과 근심을 끼쳐드렸음이 수백 배는 될 것이다. 떠나가신 후 자식을 키우며 살아계실 동안 그리하지 못했음이 후회스럽다. 효도란 부모님을 위한 일만이 아니다. 떠나시고 난 후 밀려드는 아쉬움과 후회를 덜기 위한 나 자신을 위한 일이기도 하다. 좀 더 살갑게 대해 드리지도, 자주 뵙거나 또 손잡고 나들이도 자주 못 했다. 그 가벼워진 육신을 가끔이나마 업어드렸다면 또 얼마나 좋아하셨을까. 야위어진 어깨를 주물러 드렸던 게 초등학생 때 이후 언제였던가. 나이 들어 혼자 보내는 시간이 이리도 많음에 그동안 홀로 감내하신 외로움 또한 얼마나 컸을까? 수많은 스킨십을 하며 자식을 키웠기에 부모님께 그리하지 못한 게 아쉬울 따름이다. 비록 온전치 못한 육신일망정 부모님과 함께했던 매 순간이 일기일회였음을 왜 깨닫지 못했을까. 안타깝고 사무친 그리움에 생각할수록 가슴만 먹먹하다. 어디 나만의 경우일까 자위해보나 마음은 편할 리 없다. 죽은 효자라는 핀잔을 들을망정 누워계신 산소나마 자주 찾아뵙고 예전의 무심함에 대해 속죄하며 그리움에 머리를 조아릴 따름이다.

두 번째 일기일회의 기회를 글쓰기로 맞이하였다면 지나친 생각일까? 수필과 만남이 그것이다. 이번에는 놓칠 수 없다. 또 후회도 남기지 않으리라. 남들보다 늦게 시작하였으니 한눈팔 겨를이 없다. 매 순간 정진해야 한다. 결코 붙잡을 수 없는 게 시간이 아니던가. 지금, 이 순간 또한 지나가

리니, 아쉬움과 후회가 없도록 전력을 다해야 한다.

　새벽 두 시, 발코니 창을 열고 밖을 내다본다. 한겨울 차디찬 공기 탓에 모든 게 정지되어 버린 듯한 거리의 풍경이 마치 한 폭의 정물화 같다. 한겨울 적막한 밤하늘로 회한 어린 한숨을 날려본다. 무심한 밤하늘에 별만 총총거린다.

콩나물 심부름

어릴 적 소소한 집안 심부름은 막내인 내 몫이었다. 동네에 있는 두부 공장에서 가져간 양은 냄비에 두부, 비지를 사 오는 일, 양계장에 가서 달걀 한 꾸러미 사 오는 일, 뛰어가면 5분 거리인 시장에서 두부, 콩나물 또는 같은 반 친구 부모님이 하시는 기름집에서 소주병에 담은 참기름을 사 오는 일, 기원에 계시는 아버님을 저녁 드시라 모셔 오는 일 등이었다. 이 중 잦은 심부름은 저녁 밥상에 올릴 국거리로 콩나물이나 두부를 사 오는 일이었다. 평소 어머니가 시장에 가실 때 잘 데리고 다니셨다. 난류와 한류가 마주치는 바다를 접한 지역이라 시장에 가면 크기가 제각각인 다양한 종류의 생선과 해산물 외에도 싱싱한 제철 과일이며 어떤 날은 바구니에 담겨있는 토끼와 강아지 등을 보는 재미도 있었다. 게다가 어머니가 사주시는 떡이나 튀김 같은 군것질거리로 주전부리를 할 수 있었기에 시장가는 일은 익숙하고도 즐거운 일 중 하나였다.

    초등학교 4, 5학년 무렵의 일이었다. 어머니가 백 환을 주시며 시장에 가서 콩나물을 사 오라 하셨다. "예.", 대답과 함께 어머니가 주신 백 환을 손에 쥐고 골목길을 한달음에 내달려 시장에 도착했다. 콩나물 파는 곳은 시장 어귀에 늘 같은 장소에 있었다. 그곳에는 할머니 몇 분이 머리에 이고 온 콩나물 항아리를 세숫대야보다 큰 다라 위에 막대기 두 개를 가로질러 올려놓고 그 옆의 따로 차린 나지막한 작은 상 위 대나무 채반에 수북이 담은 콩나물을 팔고 있는 내겐 익숙한 장소였다. 할머니들이 앉아있는 곳까지 한달음에 달려온 나는 그날따라 선뜻 어느 할머니 앞으로 가서 콩나물을 달라고 말하기가 망설여졌다. 콩나물 할머니가 세 분이었고 손님은 한 사람도 없었다. 할머니들 앞으로 가면 세 분 모두가 날 쳐다보며 자기의 콩나물을 사라고 할 텐데 그러면 어느 할머니의 콩나물을 팔아드려야 할지 판단이 서지 않기 때문이다. 한 분의 콩나물을 팔아드리면 두 분의 할머니는 분명 아쉬워하실 거고 콩나물을 판 할머니의 콩나물은 키가 줄어드는 데 비해 자신의 콩나물은 줄지 않아 서운한 생각을 하게 될 테니 그것 또한 마음이 편치 않았기 때문이었다. 그동안 콩나물을 사러 왔을 때는 그런 생각이 없었는데 그날따라 왜 그런 생각이 들었는지 나도 모를 일이었다. 내가 콩나물을 사러 온 것을 할머니들이 눈치채지 못하게 조금 떨어진 곳에서 딴청을 부리며 어느 할머니의 콩나물을 팔아드려야 할지 고민에 빠졌다. 내가 콩나물을 사러 온 낌새를 알아차리면 틀림없이 내게 콩나물 사라고 권하실 테고 그 할머니 앞으로 가면 나머지 할머니들의 눈길이 아무래도 부담스럽다. 또 콩나물 손님을 찾으려 두리번거리는 세 분 중 어느 한 분에게만 다가가 콩나물을 달라고 말을 꺼낼 배짱도 없었다. 할머니들과 일정 거리를 두고 몇 차례 왔다 갔다 하던 중 문득 한 가지 생각이 떠올랐다. '옳지, 그리하면 되겠구나!'

할머니들은 연신 작은 바가지로 솟아오른 콩나물 위로 물을 뿌려주며 오가는 사람에게 콩나물 사라고 권했다. 그러던 중 아주머니 한 분이 콩나물 할머니 앞을 지나가려다 맨 끝에 앉은 할머니 앞으로 가 콩나물을 달라고 했다. 그 순간을 기다리고 있던 나도 얼른 나머지 두 분의 할머니 앞에 가서 할머니 한 분과 눈을 맞추며 말했다. "할무이요, 콩나물 오십 환어치만 주이소." 하고 옆의 할머니에게도 "할무이도 오십 환어치 주이소."라고 했다. 첫 번째 할머니는 '분명 나한테 콩나물을 달라고 했는데 왜 옆집에도 콩나물을 달라고 하지?' 하는 표정으로 나를 쳐다보았다. 눈이 마주친 내가 아무런 말이나 표정의 변화가 없자 그제야 알았다는 듯 나를 쳐다보며 웃으며 말했다. "우야 꼬나, 나도 팔아주고 옆집 할무이도 팔아 줄라꼬 그랬나. 우예 그런 생각을 다 했노. 참으로 고맙데이."라고 하셨다. 두 분의 할머니가 담아주신 콩나물을 받고 할머니 한 분에게 백 환을 드리며 나누시라 했다. 그동안의 경험에 비추어 종전의 백 환어치보다 양이 많음을 한눈에 알 수 있었다. 어린애가 마음 쓰는 게 기특해서인지 더 담아주신 것이었다. "고맙데이. 다음에도 오너라. 또 많이 주꾸마. 조심해 잘 가거래이." 하시는 두 분 할머니의 말을 등 뒤로 들으며 밀린 방학 숙제를 한꺼번에 다 한 듯한 후련한 마음으로 집으로 내달렸다.

부엌에서 저녁밥을 짓고 있는 어머니께 콩나물 두 봉지를 내밀었다. 콩나물 봉지가 두 개인 것이 의아스러운 듯 물어보시려는 어머니에게 사정을 말씀드렸다. 얘기를 다 들으신 어머니가 "어째 콩나물이 많아 보인다 했더니 할머니들이 더 담아주신 모양이다." 하며 나를 바라보며 미소 지으셨다. "곧 저녁 먹어야 하니 밖에 나가지 말고 손 씻고 들어가라." 하시며 물에 헹궈 낸 콩나물을 바가지에 담아 누나하고 같이 콩나물 꽁지를 따라고 주셨다. 어머니는 항상 콩나물 꽁지를 떼고 국을 끓이셨다.

그날 저녁 아버님 귀가 후 내가 심부름한 콩나물로 끓인 국으로 저녁을 먹었다. 고춧가루, 다진 마늘과 파를 썰어 넣고 소금으로 간을 한 콩나물국에 고추장을 약간 풀어 얼큰한 맛으로 먹었다. 아삭한 식감을 느끼며 국에 밥을 말기도 하며 맛있게 먹었다. 식사 중 내가 심부름 다녀온 일을 전해 들은 아버님은 말없이 내 얼굴을 한 번 쳐다보시곤 식사를 계속하셨다. 나도 칭찬받으리라 생각하지 않았기에 아버님처럼 고추장을 풀은 콩나물국에 밥을 말아 한 그릇을 다 비웠다.

그날 밤, 큰방과 붙어 있는 누나들 방에 누워 잠을 청하고 있었다. 잠이 들 무렵 어머니 목소리가 들렸다. "어린 게 그런 생각을 했다니 기특하다."라는 어머니 말씀에 아버지도 "그렇다." 하셨다. 두 분의 얘기에 이런 생각이 들었다.

한 달에 한 번 정도 시주 오시는 스님에게 조롱박 바가지 하나 가득 쌀을 담아 건네시며 합장으로 배웅하시던 모습, 일주일에 한 번 아침밥을 먹는 시간에 밥 동냥 오는 거지 아저씨에게도 한 번도 밥 없다 하지 않으시고 밥을 나눠주셨고 남은 밥이 없을 땐 드시던 밥그릇의 밥이라도 조금 덜어 주시던 모습, 한여름 집 앞을 지나가는 엿장수 아저씨의 메리야스 상의가 찢어져 등이 훤히 드러난 모습에 엿장수 아저씨를 불러세워 안방 서랍장의 아버님 내의 몇 벌을 보자기에 싸서 이거 입으라며 건네주시던 어머니 모습을 보고 자란 우리 남매들이다. 무심하게 넘겨도 그만인 이웃의 어려움에 어머니는 형편껏 베푸셨다. 그때나 지금이나 어머니를 생각하면 제일 먼저 떠오르는 게 자애로움이다.

'나이 많은 할머니들이 집에서 직접 키운 콩나물을 무거운 항아리째 머리에 이고 와 시장 한쪽에 쪼그리고 앉아 푼돈이나마 벌어보려는 마음을 헤아리는 일쯤이야 뭐 그리 어려운 일인가? 한 분에게만 콩나물을 사면 옆의 할머니가 서운하실 것은 너무나 뻔한 일인데…' 하는 생각을 하다 잠이 들었다.

요즘은 그 시절과 달리 먹을게 풍부해서인지 콩나물국으로 밥을 먹어본 기억이 오래다. 오늘따라 콩나물 심부름하던 그 시절과 어머니가 생각난다. 아내에게 콩나물국을 한 번 끓여 달라고 해야겠다. 심술 궂은 장마가 끝나면 두 분이 누워계시는 파주에 한 번 다녀와야겠다.

흑백 사진과 성적표

　대학 2학년 어느 봄날의 주말이었다. 어머니가 차려주신 늦은 점심을 먹고 난 뒤 이런저런 얘기를 나누던 중 어머니가 말씀하셨다.
　"너희 남매들은 아버지를 닮아 주머니에 돈이 있으면 남에게 쓰려고 하지, 아끼고 모을 줄 모르니 부자로 살 것 같지 않다."라며 걱정과 아쉬움의 말씀을 하셨다. 그 말씀 끝에 "너희 아버지가 가진 재주 중에서 다른 건 몰라도 글재주 하나는 너희 중 누가 물려받길 바랐으나 누구도 그런 재주가 있어 보이지 않는다."라며 아쉬워하시던 기억이 아직 또렷하다.
　그 말씀에 아버님이 글을 잘 쓰셨나보다 하는 생각을 하였을 뿐 아버님을 닮아야겠다는 생각은 하지 않았다. 며칠 후 아버님의 글이라며 한 시(漢詩) 한 편을 장롱에서 꺼내 보여주셨다. 지금의 A4 용지보다 조금 작고 두세 번 접은 자국이 있는 색바랜 한지에 붓글씨가 적혀 있었다. 가는 붓으로 쓰신 한시 아래에 그 뜻을 풀어놓으셨다. 깨달음을 위해 수행 중인 구도자의 심경을 학문에 비유한 글귀였다. 두보나 이백의 문장인지 아버님의 창작인지 언제 한번 여쭤봐야지 하고 책갈피에 끼어 두고 몇 차례 꺼내 보았으나 수십 년 세월이 흐른 지금 어디 두었는지 찾지 못하고 있으니 이런 불효도 없다. 아스라하고 토막 난 기억을 되살려 본 아버님이 써놓으신 글이다.

가던 걸음을 잠시 멈추고/ 서산에 지는 노을을 바라보노라/ 배움의 길 떠난 이가 열이면/ 그중의 셋은 돌아오지 않네/ 구도와 학문의 길은 끝이 없도다/ 멀고도 아득한 배움의 길이여

아버님은 결혼 전 일본으로 유학을 다녀오셨다. 일제 치하의 암울했던 그 시절, 조부님의 결정인지 한학을 하시고 서당 훈장을 하셨다는 백부님의 권유인지는 모르겠으나 일본 열도 아래쪽 후쿠오카(福岡) 농업전문학교에서 2년간 유학하셨다. 그 한시는 부모님을 비롯한 온 가족의 기대 속에 홀로 떠나온 유학 생활에서 겪고 느낀 여러 감정을 표현한 것으로 이해되었다. 시집와서 남의 땅 밟지 않고 살았다는 어머님의 말씀으로 짐작건대 '토지의 평사리 최참판댁'만큼은 아

닐지라도 집안 소유 농토가 꽤 많았던 모양이었다. 그 땅의 일부가 아버님 유학과 뒷바라지를 위해 처분되었을 것이다.

대한해협을 가르는 관부연락선 갑판 위에서 점점 멀어지는 고국산천과 다가오는 일본 땅을 바라보는 한 조선 청년의 마음은 과연 어떠했을까? 온 집안의 기대를 걸머지고 공부하러 간 곳은 망국의 아픔을 안겨준 적국 일본이었다. 반드시 부모·형제의 기대에 부응하는 학문적 성과를 이루고 말겠다는 각오만큼이나 부담감도 컸으리라. 나름 혼신의 노력으로 학업에 정진했을 당시의 심경을 표현했거나 비유했을 것으로 짐작될 뿐 이미 고인이 되셨으니 직접 확인해 볼 기회를 영영 놓쳐 버렸다.

아버님의 유학 시절에 대해 알고 있는 오래된 기억 중 하나다. 결혼 후 어느 주말 부모님을 뵈러 갔다가 아버님 유학 시절의 흑백 사진 몇 장과 성적표를 볼 기회가 있었다. 사진은 단체 사진과 아버님의 독사진 외 조선인 학우들과 찍은 몇 장의 사진이 아버님의 앨범 속에 있었다. 단체 사진 맨 앞줄에는 기모노를 차려입은 교장을 중심으로 일본인 선생과 군도(軍刀)를 찬 군인이 있어 당시 일본이 전쟁 중임을 알 수 있었다. 두 번째 줄 서 있는 학생들과 그 뒤로 책걸상 위에 올라선 듯한 학생들의 모습이 우리에게도 익숙한 짧은 머리, 검은색 상·하의 교복이었다.

성적표에 기록된 아버님의 학급 석차는 전 학기 2등이었다. 대부분 10점 만점이었으나 유독 체육은 8점이었다. 보통의 체격이신지라 큰 체격의 일본 학생과 차이가 있었다고 말씀하셨다. 일본인 선생에겐 식민지 반도인(半島人)이 본토인(本土人)보다 앞서지 못하게 하는 좋은 구실이었고, 1등을 했을 경우 어쩌면 겪었을지 모를 동급생의 질시와 국수주의적 사고의 일본인 교사에게 받았을 유무형의 핍박을 피할 수 있었으니 한편으로 다행이었다고 생각되었다.

다른 기억 하나는 딸이 서너 살 무렵이었다. 아버님 방에 들어가니 편지 한 통을 보여주셨다. 유학 시절 학우들의 안부가 궁금하여 얼마 전 학교에 보낸 편지에 답장이 온 것이라 하셨다.

'아니, 그때가 언제인데, 편지가 어떻게 전달되고 당시 학생들의 근황을 어찌 파악할 수 있었을까?' 하는 호기심에 자세히 살펴보았다. 지금의 엑셀 프로그램과 유사한 형식의 자료 아래쪽으로 당시 학생들의 이름이 나열되어 있었고 오른쪽으로 주소가 적혀 있었다. 고인이 되신 분은 이름 앞에 굵은 까만 점으로 표시해 놓았다. 아버님 외에도 조선인 유학생이 몇 분 더 계셨는지 '가타카나'나 '히라가나'가 아닌 한

문으로 표기된 누가 봐도 분명한 조선인의 이름이 몇 분 더 있었다. 오십여 년 전의 졸업생 근황을 어찌 이토록 세세히 파악할 수 있었을까? 아버님도 이런 답장을 받을 거라고는 기대하지 않았다고 하셨다. 다행히 학교가 존립하고 있어 편지가 전달될 수 있었고 기록을 중시하는 그들의 습성이 이런 답장을 가능하게 했으리라 짐작했을 뿐이었다. 당시 칠순을 넘기신 아버님이셨으나 어찌 젊었던 학창 시절의 향수(鄕愁)마저 없었을까? 비록 육신은 노쇠하였으나 그 시절 추억마저 쇠락하지 않았던 것이었다. 그런 마음에서 동문수학한 옛 학우들의 얼굴과 추억이 생각나 편지를 보내신 것으로 이해하였다. 지금도 못내 아쉬운 것은 그때 아버님의 심중을 헤아려 짧은 일정이나마 아버님 모시고 한 번 다녀왔어야 했음에 그러지 못한 점이다. 떠나가신 후 아버님 기일 때면 형님, 누님과 함께 왜 그때 그런 생각을 하지 못했을까 하며 흑백 사진 속의 아버님을 보며 자책하곤 한다.

떠나가신 지 십수 년, 추석 명절이 얼마 남지 않았다. 이번 추석 차례상에는 그 시절 아버님의 사진을 올려놓고 술 한 잔 올린 후 절하며 간절히 빌어보리라. '그때 사진과 성적표를 보여주신 아버님의 심중을 헤아리지 못했던 철부지 자식들을 용서하시고 이제라도 한번 모셔가고 싶으니 우리 오 남매 누구의 꿈에라도 꼭 한번 다녀가 주십사.'라고….

(월간 『한국수필』 2022년 10월호 등단작)

노익장 영감님의 쾌차를 기원합니다

결혼한 딸이 올해 마흔이니 노익장 영감님과 연을 맺은 지 41년이다. 1931년 신미생 양띠로 임인년 호랑이해를 맞이했으니 만 91세가 되셨다. 20대 후반에 사위로 연을 맺고 같은 서울에 살다 지금은 서울 외곽의 같은 아파트에서 이웃으로 산다. 90세를 졸수(卒壽), 91세는 망백(望百), 99세는 백수(白壽)라 했다. 졸수를 지나 망백이시니 천수를 누리셨다 해도 지나치지 않으나, 지난 40년 세월 지켜봤고 지금의 건강상태로 짐작건대 능히 백수도 하시리라 믿는다. 또 이를 뒷받침할 실증적 근거도 차고 넘친다.

매년 봄, 가을 청명한 날을 골라 골프장으로 모신다. 91세의 나이에 골프를 하신다면 모두가 놀라워한다. 골프를 좋아하나 골퍼 친구들은 이미 모두 고인이 되셨다. 동반자가 없어 골프를 못 한다는 사정을 들은 몇몇 동료가 흔쾌히 우리가 모셔가자 해서 시작한 지 벌써 5년, 지금까지 봄가을 연례 행사로 이어지고 있다.

부킹 소식을 알려드리면 반색하면서도 "내가 18홀을 다 돌 수 있을지 모르겠다."며 엄살부터 부리신다. 하지만 필드에 나가면 내가 언제 그랬냐는 듯 18홀을 거뜬히 소화해 내신다. 몸이 가볍고 걸음마저 빨라 함께 라운딩하는 동반자들에게 민폐도 전혀 없다. 그뿐만이 아니다. OB 난 공을 찾겠다며 급경사 비탈지 아래로 슬그머니 사라지곤 해 모두의 가슴을 철렁하게도 한다. 작년 가을에도 그랬으나 그동안 몇 차례 경험하여 이젠 익숙해진 동반자들이라 별로 놀라지도 않는다. "저기 저쪽이야. 그래, 거기로 내려가셨어." 하며 내려간 방향만 일러준다. 이러니 누가 구순(九旬)을 넘긴 노인이라 믿을까. 노익장이라 해도 전혀 지나침이 없다. 그러나 정작 내가 노익장이라 칭하는 이유는 따로 있다. 이 엄중한 코로나 시국 하에서 두 번의 겨울을 나시는 동안 일주일에 일요일 하루를 제외한 엿새를 종로 기원과 인사동 화랑으로 출근하셨기 때문이다. 코로나19를 감기나 독감 정도로 치부하는지 "난 끄떡없다."라며 바이러스 따위에 굴하지 않음을 몸소 행동으로 보여 주셨다. 아무리 중국산이라 해도 바이러스는 짝퉁이 없는데도 말이다. 얇은 마스크 한 장을 백신으로, 전철 역사를 보건소 PCR 검사장으로, 교통카드를 음성 확인서 삼아 매일 출퇴근의 기쁨을 누리고 계신다. 그 지칠 줄 모르는 초인적 의지에 코로나 이 녀석도 감히 범접하지 못하는지 알 수 없는 일이다.

　매일 오후 3시 반이면 어김없는 산책으로 마을 사람들이 시간을 알 수 있었다는 독일의 철학자 임마누엘 칸트가 장인어른을 보면 의형제, 아니 '깐부' 맺자고 하지 않을까. 아내는 걱정스러운 마음에 "아버지, 제발 집에 좀 계시라." 하며 사정과 설득을 아무리 해봐도 그야말로 우이독경이요, 마이동풍이니 어찌하면 좋겠냐고 하소연한다. 도대체 매일 출근한다고 해서 개근상이나 월급을 받아오는 것도 아닌데 가족의 간곡한 만류에도 아랑곳하지 않고 한사코 출근하는 이유가 대체 무엇일까? 이런저런 생각 끝에 영감님 주변에 같은 연배끼리 소소한 노년의 일상에 관해 대화를 나눌 만한 말벗이 없기 때문이 아닌가 하는 막연한 추측 외에 달리 그 깊은 속을 알 수 없었다. 오륙 년 전만 해도 전화로 서로의 안부와 근황을 묻고 점심 한 끼라도 함께 했던 이들은 모두 고인이 되셨기에 주위에 말벗할 누구도 없다. 골프 외 4, 5급 수준의 바둑이 유일한 취미라 기원에라도 가야 동년배 또는 연하의 말벗을 만날 수 있기에 그리하셨으리라는 짐작 외에는 달리 그 이유를 헤아리지 못한다. 얼마 전부터 어떤 경로인지 화랑을 운영하는 연하의 영감님을 안 뒤로 출근은 인사동 화랑으로 하고 퇴근은 기원에서 하신다고 듣고 있다.

그러던 두어 달 전쯤 작은 사건이 하나 발생했다. 속이 불편하다며 집 앞 상가에 있는 내과의원으로 가시던 중 어지럼증과 숨이 가빠 50m 거리를 두 번이나 쉬었다 가셨다. 큰 병원에서 내시경 검사를 해보라는 의사의 권고에 가까운 동네병원에서 MRI, CT 등의 검사를 한 결과 담당 의사는 장기에 출혈 흔적이 보이니 정밀 검사를 위해 종합병원에서 대장과 위내시경 검사를 받아보길 권했다. 다니시는 대학병원의 정기 검진일은 아직 멀었고 예약해도 검진까지 많이 기다려야 하며 또 멀리 있기에 선뜻 모셔가지 못하고 차일피일하던 중 좀 회복되셨다며 출근을 재개하셨다. 제발 큰일 없기를 바라며 불안한 마음으로 지낸 지 두 달여 만에 기어이 사단이 일어났다.

연말 독일에 있는 누님에게 다녀왔기에 자가격리 중이었다. 격리 해제를 하루 남겨놓은 토요일 오후, 119구급대원의 전화를 받았다. 그날도 어김없이 화랑으로 출근해서 주인장과 한담을 하던 중 갑자기 호흡곤란 증세를 보여 화들짝 놀란 주인 영감님이 119에 연락을 했고, 출동한 구급대원이 어느 병원으로 후송할지 지금 알아보는 중이며 병원이 결정

되면 다시 연락하겠다는 전화였다. 얼마 전 비슷한 증상으로 동네병원에 다녀온 적 있고 위중한 상태는 아니라는 구급대원의 말에 다소 안심하였다. 잠시 후 서울대학병원 응급실로 결정되었다는 연락에 아내는 아들과 병원으로 가고, 나는 장모님을 안심시키려 이웃의 처가로 향했다. 처가에 가며 "영감님이 참 복도 많으시다."라는 생각을 했다. 집에서 그런 일을 겪었으면 응급의료 체계상 당연히 동네병원으로 가셔야 하나 서울 한복판 종로에 있는 기원과 인사동 화랑으로 출근하신 덕분으로 서울대학병원으로 후송되셨으니 그런 생각이 든 것이다. 다음 날 "아버지 위암이래." 하는 아내의 연락을 받았다. 내심 우려했던 터라 "그래, 몇 기래." 하고 물었으나 검사를 더 해봐야 알 수 있다며 수술은 다음 달 초에 예정되었다고 했다. 위암 수술은 큰 수술도 아니며 심지어 전부를 절제하고도 오래 사신 분도 많으니 너무 걱정할 필요 없다 하고 위로하였다.

3일간의 난리와도 같았던 응급실 생활을 마치고 집으로 오신 지 며칠 후 조금 몸 상태가 회복된 듯하니 또 일을 벌이셨다. 퇴근 후 집에 가니 아내가 굳은 표정으로 한숨을 내쉬며 "도대체 아버지를 어떡하면 좋아. 아침 잘 드셨나 해서

집에 가봤더니 나가시고 안 계셨어." 했다. 119구급차로 응급실에 실려 가 3일 동안 온갖 검사를 다 받고 퇴원 후 며칠 죽 드신 게 전부인 그 몸으로 또 출근하셨다고 하니 나도 어이가 없었다.

'도대체 영감님께서 어쩌자고 이러시나?' 퇴원 3일 만에 그렇게 만류에도 불구하고 또 출근하셨다고? 그날 오후 귀가 시간이 다가오자 아내가 화랑 영감님께 전화해서 "아직 그곳에 계시냐." 했더니 "조금 전에 가셨다."라고 해 "오셔서 뭐 하셨냐." 물었더니 "위궤양 때문에 속이 좀 불편하시다며 소파에 누워계셨다."라는 말에 속에 천불이 난 아내는 언성을 높였다고 했다. "위궤양이 아니라 위암이며 곧 수술받으셔야 하니 당분간 못 오시게 해달라."고 당부했으나 영감님은 겨우 이틀간의 재택근무 후 또 출근을 감행하셨다. 위암을 위궤양이라 둘러대며 출근하는 이유가 말벗이 있다는 그 이유 외 또 무엇이 있을까?

'아모르 파티, 카르페 디엠, 욜로' 모두가 자신의 운명을 사랑하고 한 번뿐인 인생이니 사는 동안 자신의 운명을 사랑하고 즐기라고 했다. 혹 영감님께서는 이 말에 충실해서인가? 위암 초기라 하더라도 연세를 고려하면 몸 상태를 잘 관리해야 함을 모르진 않을 텐데 가족이 그리 걱정함에도 매일같이 양복에 베레모를 쓴 영국 신사 같은 차림으로 나

가시는 그 이유가 뭘까? 위암을 위궤양쯤으로 믿고 싶은 바람인가. 아니면 대한민국 최고의 서울대학병원에서 수술을 받으니 틀림없이 나을 것이라는 지나친 신뢰감 때문인가? 그 깊은 속마음을 헤아릴 길 없으나 종로, 인사동에서 느끼는 심적 안정감이나 만족감을 대체할 만한 그 무엇을 아직 찾지 못했기 때문인 것은 분명한 것 같다.

부모님을 여읜 지 오래고 주위의 대부분이 양친 중 한 분이라도 생존해 계시는 경우가 드물다. 두 분에겐 백년손님이나 내겐 부모님 반열이다. 망백에 이르신 두 분에 비해 팔순에도 이르지 못한 부모님을 여읜 분들의 심정을 모르진 않으나 이왕 망백에 이르셨으니 백수도 하셨으면 하는 마음이다. 어찌해서라도 몸조리 잘하시게 하여 수술도 잘 받고 쾌차하길 바라건만 지켜보는 사람의 심정은 나 몰라라 하는 저 돈키호테 같은 용맹함을 어찌해야 할지…. 그저 바라건대 남의 사정 헤아려주는 좋은 동료와 함께 OB 난 공을 찾으러 슬그머니 경사지로 내려가는 그 모습을 앞으로 한두 번 아니 두세 차례 정도 더 지켜볼 수 있길 바라는 마음에서 이 말썽꾸러기, 독불장군, 왕고집 영감님의 쾌차를 기원하는 것이다. 장수는 축복받아야 함이 마땅한 일이기도 하기에….

(월간 『한국수필』 2022년 10월호 등단작)

파주 가는 길

　아버님, 어머님 두 분 다 파주에 계신다. 아버님은 2007년, 어머님은 2015년에 이곳으로 거처를 옮기셨다. 특별한 사정이 없으면 한겨울만 빼고 한 달에 한 번 정도 찾아뵙는다. 누워 계시는 곳에 도착하여 "저 왔습니다. 그동안 잘 계셨어요?" 하며 인사를 드려도 아무 말씀이 없으시다. 예전엔 "너 왔구나. 얼마 전에도 다녀갔는데 또 왔니? 직장 다닌다고 너도 피곤할 텐데 하루 쉬지 않고 뭐 하러 또 왔니?" 하시면서도 두 손을 잡으며 반겨주시던 그 모습 눈에 선하고 그 목소리 귀에 쟁쟁하건만 두 분 모두 이제 말씀이 없으시다. 그저 그렇게 반겨주셨으리라 생각하며 가져온 막걸리, 바나나 우유, 커피 우유를 종이컵에 가득 채워 정화수 삼은 생수와 함께 상석에 차린 후 두 번 절을 올린다. "아버님, 어머님 덕분에 식구들 모두 잘 지내고 있습니다. 이젠 자식 걱정일랑 마시고 편히 계세요." 하며 나지막이 읊조린다. 이렇다 할 여가활동이나 취미활동이 없기에 두 분을 찾아뵙는 일이 내겐 소일거리이며 산행이다. 요즘 같은 늦가을이면 계신 곳 주변의 떨어진 낙엽을 주워내고 축대 위 벚나무와 소나무 아래에 가꾼 화단을 손보러 몇 차례 오르내린다. 화초 위의 낙엽을 걷어내고 키 자란 잡초를 뽑고 휘어진 화초에 지지대를 세운다. 싣고 온 물통의 물을 물뿌리개로 목마른 화초와 화단에 듬뿍 뿌려주다 보면 어느새 이마에 맺힌 땀이 방울져 얼굴로 흘러내린다. 몸을 움직이고 온몸의 근육을 써야 하기에 산행에 버금가는 건강관리 수단이기도 하다.

이른 아침에 집을 나서 100번 도로를 거쳐 자유로까지 30여 분, 다시 자유로를 따라 북쪽으로 한강과 임진강 주변의 풍광을 감상하며 이곳에 도착하기까지 또 30여 분, 출발한 지 한 시간이 조금 넘는다. 다소 멀기는 하나 부모님이 계시는 곳이니 발걸음은 가볍다. 쉬엄쉬엄해도 서너 시간, 어떤 날은 반나절이 훌쩍 지나가 버린다. 얼마 전, 아침 일찍 집을 나서 전날 화원에 부탁해 놓은 국화꽃 화분을 찾아와 화단에 옮겨 심고 가을 가뭄으로 목이 마른 화초와 화단에 물을 흠뻑 뿌려주고 주변을 정리하고 집에 오니 평일의 퇴근 시간이었다. 주말 하루를 산소에서 근무한 셈이다. 맑은 공기 속에 가끔 찾아와 동무해 주는 뻐꾸기, 산까치와 이름 모를 산새들의 지저귐을 따사로운 가을 햇살 속에 가만히 듣고 있노라면 마치 한 폭의 정물화 속에 내가 있는 듯한 착각에 빠지기도 한다. 자연이 주는 더없는 아늑함과 고즈넉함이 시간의 흐름을 잊게 하고 마음마저 정갈해진다.

농부의 발걸음 소리에 벼가 자라고 곡식이 영글어 가듯 이곳 또한 찾는 이의 발걸음에 비례하여 모양새가 각기 다르다. 저마다의 사정으로 마음만큼 찾아보지 못하는 곳이 어디 이곳뿐이랴. 두 분 계신 곳도 마찬가지다. 오른쪽 이웃은 가끔 발걸음하는 자손이 있어 무성하게 자란 풀이 방치된 경우가 그리 오래가지 않으나 왼쪽은 좀 다르다. 작년 여름, 근 한 달 만에 찾아와서 깜짝 놀랐었다. 20여 호가 나란히 있는 이곳의 초입에 들어서며 몇몇 집 위로 우산 키만큼 자란 억새와 웃자란 잡초 모습에 섬뜩한 기운마저 느껴졌다. 마치 인적이 끊어진 외진 곳의 폐가와 같았다. 왼편 이웃도 그중 하나였다. 그 을씨년스럽고 으스스한 모습을 없애려 수북한 억새와 웃자란 잡초를 뽑아내느라 한참을 씨름했다. 주변을 청소하고 화단에 물을 몇 차례 뿌려주면 부슬부슬한 흙이 물을 머금어 촉촉해 보이는 모습이 마치 곱게 화장한 여인네 얼굴 같아 마음이 한결 흡족해진다. 따사로운 가을 햇살이 힘을 잃을 무렵 이미 사그라든 향과 향로 주변의 재를 닦아내고 딱히 상차림이라 할 것도 없는 우유며 음료수 담은 컵을 비워 담아 가져온 봉투에 도로 담는다. 물기 어린 상석을 깨끗이 닦고 다시 두 번의 절과 편히 계시라는 인사말로 그날의 산행을 마감한다.

유난히 비가 잦았던 여름을 지나 가을로 접어들며 오가는 길 주변의 풍광도 계절 따라 변한다. 더없이 청명한 가을 하늘 아래 자유로를 따라 흐르는 한강과 임진강은 언제나 변함없는 모습이다. 아침 바다에 반짝이는 윤슬만 아름다울까. 서산에 지는 해님의 잘 자라는 인사 같은 은은한 햇살에 찰랑거리는 강의 윤슬도 그에 못지않다. 그런 모습을 바라보노라면 차분해지는 마음과 함께 잡다한 상념 또한 사라진다. 국화꽃 색상보다 짙은 노란 들판이 한참을 달려도 끝없이 펼쳐진다. 노란 국화꽃이 지천으로 핀 듯한 황금색 들녘이 몇 차례의 태풍을 이겨낸 농심에 대한 보답인 듯 올해도 어김없는 풍년임을 알려주는 듯하다.

매년 이맘때면 임진강과 한강이 합류하는 교하리 통일전망대를 지나 일산대교에 이르기까지 한강과 임진강 하늘을 가로질러 남으로 비행하는 철새 무리를 보는 재미가 제법 쏠쏠하다. 겨울 초입이면 'ㅅ'자 형태의 무리 비행을 하나 요즘은 비스듬한 '/'자 형태로 비행하고 있다. 장거리 비행을 앞두고 새로 맞이한 식구를 위해 비행 훈련을 하는 것이리라. 분단의 현실을 일깨워 주는 길게 뻗은 철조망 상단에 '철새 도래지', '경적 금지' 표지판이 붙어 있는 지역의 하늘 위로 예닐곱 마리가 무리를 지어 비행하는 모습을 여러 차례 볼 수 있다. 한두 번 더 오가다 보면 그동안의 비행 훈련을 마치고 온전한 'ㅅ'자 형태의 대열을 갖추어 머나먼 남쪽 나라까지 쉼 없이 날아가는 철새 무리를 보게 되리라.

그들이 떠난 후 동장군이 찾아오면 그들의 비행 모습을 지켜보며 잘 다녀오라 배웅하던 한강도 겨울 채비를 할 것이다. 축대 위 화단을 놀이동산 삼던 들고양이, 청설모, 다람쥐, 두더지와 이름 모를 산새들, 부모님 곁을 지켜온 노란 국화꽃도 겨울잠에 들면 부모님 찾아뵙는 내 발걸음도 뜸해지리라. 첫눈과 함께 적막함이 파주에 내리면 부모님 또한 긴 겨울잠을 주무시다 내년 봄 찾아뵙는 내 발걸음에 깨어나 반겨주시리라.

파주를 오가는 이 길은 매번 마음의 안식과 평화로움을 선물해준다. 내년 봄 화단 가장자리에 영산홍과 철쭉을 더 심어 촘촘한 꽃 울타리를 만들어야겠다.

스님과 신발

어릴 적부터 불자이신 어머니를 따라 절에 다녔다. 절에 가는 것을 싫어하지 않아서인지 어머니는 절에 가실 때 곧잘 데려가곤 하셨다. 집에서 이십여 분쯤 되는 거리에 절이 있었다. 스무 계단을 올라 넓은 경내로 들어서면 코끝에 스치는 향 내음과 바람에 딸랑거리는 처마 끝 풍경 소리가 좋았다. 대웅전 옆문으로 법당에 들어가 부처님께 합장과 반배를 드린 후 불단 위 향로에 향을 피운다. 어머니는 향 피우는 일은 항상 나에게 시키셨다. 더러 절에서 마주치는 이웃들이 어머니를 따라다니는 나를 기특해하면 어머니는 내가 태어날 때 목에 염주를 걸고 나왔다며 은연중 부처님과의 인연을 얘기하셨다. 태어날 때 탯줄을 목에 걸고 나온 것을 염주를 걸고 나온 것으로 여기며, 부처님과 특별한 인연이 있다고 믿는 어머니였다. 그런 말을 듣고 자랐기에 학교에서 매 학년 초 작성하는 가정환경 조사서 종교란에 망설임 없이 불교라 적어 넣었다.

 그 시절, 한 달에 한 번 정도 집으로 시주 스님이 오셨고, 어머니는 그때마다 쌀독의 조롱박 바가지에 쌀을 가득 담아 건네셨다. 메고 온 바랑에 시주 쌀을 쏟은 후, 스님은 합장과 함께 '나무 관세음보살'이라는 말로 감사를 표했고 지켜보던 나도 어머니를 따라 합장으로 인사하곤 했다.

 어느 날, 방과 후 집에서 무료한 시간을 보내던 중 밖에서 불경 외는 소리와 목탁 소리가 들려왔다. 밖을 내다보니 반쯤 열린 대문간에 시주 오신 스님의 모습이 보였다. 스님은 삿갓을 쓰고 있어 얼굴은 볼 수 없었다. 얼른 부엌으로 가 어머니에게 스님 오셨다고 전했다. 물기 있는 양손을 행주치마에 닦은 어머니는 여느 때와 같이 조롱박 바가지에 쌀을 담아 나오셨고 나도 뒤따랐다. 스님은 두 손 합장과 반배로 감사를 표하신 후, 건네받은 쌀을 바랑 속으로 쏟아부었다. 스님의 행색이 다니던 절에서 뵙던 스님들과 다소 달라서인지 어머니는 어느 절에서 오셨냐며 물었다. 스님은 해인사에 있으며 탁발 수행 중이라 하셨다. 해인사가 합천에 있음을 배웠기에 먼 곳에서 오신 스님이구나 생각했다.

 두 분의 대화하는 모습을 지켜보고 있던 나와 눈이 마주친 스님은 잠시 후, 어머니에게 "이 아이는 신발을 잘 신겨

주도록 하세요."라고 하셨다. 신발을 신고 있던 나로서는 스님의 말을 이해하지 못했다. 그때까지 신발에 대한 어른들의 말씀으로는 "신발을 머리맡에 두지 마라.", "신발을 머리에 이고 자는 게 아니다."라는 정도였다. 가장 소중하고 항상 정갈해야 하는 머리이기에 온갖 것이 다 버려진 땅을 밟아 지저분한 것이 묻어있는 신발을 머리 위쪽에 두지 말라는 것인가 보다 하는 정도로 이해하고 있었을 뿐이었다. 어머니와 대화를 마친 스님은 성불하시라는 말을 남기고 가셨다. 그 후로도 시주 오시는 스님이 있었으나 그 스님은 아니었다. 신발의 의미에 대해 그 스님에게 물어볼 기회를 다시 얻지 못했다.

그 후 고향에서 중학교를 마치고 서울로 올라와 고교에 진학했고, 졸업 후 사회 초년병으로 직장생활을 하며 좋은 상사들 덕분으로 대학원을 마칠 때까지 스님의 신발 얘기는 잊고 살았다. 이십 대 후반에 아내와 혼담이 오갈 무렵, 문득 스님의 신발 얘기가 떠올랐을 뿐이다. 그 후로도 스님이 말씀하신 신발의 의미가 무엇인지 생각도 해보고 또 주위 분들에게 물어보기도 하였으나 답을 얻지 못했고 지금도 정확히 알지 못한다.

살아온 과정이 남다를 게 없고 결혼과 직장생활을 하며

정년퇴직을 맞이하였다. 다행히 건강에 문제가 없어 퇴직 후, 10년이 지난 지금도 일하며 백세시대의 가장으로서 평범한 삶을 꾸리고 있다. 부모님 모두 구순을 넘겨 천수를 누리셨고, 장인 장모님도 부모님의 연세가 지나도록 아직 건강을 유지하고 계신다. 딸은 초등학교 4학년이 되는 딸아이 하나를 두고 나름 안정된 결혼 생활을 하고 있고, 미혼인 아들은 오래 교제해 온 여친과 결혼을 앞두고 있다. 누구와도 크게 다를 바 없는 노후의 삶이다. 큰 부자가 되었거나, 사회적으로 높은 지위를 누린 것도 아닌 평범한 삶이었으며 지금도 별반 다를 바 없다. 스님이 언급하신 신발의 의미에 걸맞거나 이렇다 할 내세울 것도 없는 평범한 삶이었다.

  삶의 후반부인 지금, 스님이 주고 가신 화두(話頭) '신발'의 의미를 나름대로 해석해 본다. 평범한 삶이었으나 살아오는 동안, 우리 가족에게 지극히 가슴 아픈 일은 없었다. 또 부귀영화를 위해 머리를 조아리거나, 양심을 저버린 일도 없었으며 앞으로도 그리 살아갈 것이다. 딱히 내세울 것도 없지만 부끄러운 것도 없는 삶이었다. 그런 삶을 견지할 수 있었음은 그동안 나를 지지하고 성원해 준 가족 덕분이라는 생각을 해본다. 특히, 오랜 세월 잘난 것도 살갑지도 않은 남편을 묵묵히 따라주며 뒷바라지해 온 아내 덕분인 점을 인정하지 않을 수 없다.

  스님이 얘기하신 '신발'이 아내를 의미한 것이라면 나는 지금까지 내게 잘 맞는 신발을 신고 왔으며 또 앞으로도 그럴 것이다. 스님이 말씀하신 신발의 의미가 아내라는 생각이 점점 확신으로 굳어가는 요즘이다.

부르지 못한 노래

　조카의 상견례 소식을 형님이 알려왔다. 십여 년 전부터 엄마의 빈자리를 대신해 아빠를 챙기며 집안 살림을 언니와 분담해 온 심성 착한 둘째다. 형수님이 안 계시는 사정이라 형님을 볼 때마다 조카의 혼사가 늘 걱정스러웠다. 다행히 교제 중인 남친이 지방 근무를 마치고 서울로 복귀하자 상견례 날짜가 정해진 것이다. 축하 겸 혼사 의논을 위해 형님 집에서 저녁을 하기로 했다. 혼자된 세월만큼 자식 수발에 음식 솜씨가 백종원 버금가는 형님이 월계수 잎을 넣어 삶아낸 수육을 준비한다기에 가는 길에 제철 생선회 한 접시를 떠 형님 집으로 향했다. 저녁을 먹으며 상견례와 혼수 얘기를 나누었다. 예단 품목은 누님이 정하고 하객 맞이 역할과 비용 분담을 의논한 후 예단과 함께 보내는 서찰은 내가 맡기로 했다. 반주 삼은 매실주 몇 잔에 제법 얼큰하고 알싸한 기분으로 식사를 마칠 무렵 형님이 노래방에 한번 가자고 했다.

　조금 전 식사 중에 요즘 결혼식 풍속이 언급되었다. 예전과 달리 주례사와 축가도 부모님과 신랑 신부가 하는 경우가 많다고 했다. 그 얘기 중에 형님이 "내가 축가를 부른다면 <애비>라는 노래를 하고 싶다."라고 했다. 비슷한 연배인 그 가수의 노래 몇 곡을 알고 있으나 그 노래는 생소하였다. 한두 곡 차례가 돈 다음 형님이 그 노래를 선곡했다. 화면에 나오는 노래 가사를 보는 순간 형님이 왜 그 노래를 부르려 했는지 알 수 있었다.

　자식의 결혼을 앞둔 부모의 심경과 딸을 떠나보내는 아비의 마음을 이처럼 절절히 담아낸 노래가 또 있을까 싶었다. 가수의 연륜만큼이나 탁한 목소리로 담아내는 노랫말이 바로 형님의 마음이었다. 비록 마음만큼 다해주지 못했으나 지난 십여 년 세월 동안 홀로 딸을 건사하다 이제 내 곁에서 떠나보내는 아비의 마음을 전하고 싶은 것이 형님의 마음임을 안 순간 먹먹해졌다. 집으로 돌아오는 내내 그 노랫말과 그 노래를 부르는 형님의 모습이 머릿속을 맴돌았다. 형님 성품과 노랫말 그리고 지난 세월 형님의 삶을 생각하면 과연 그 노래를 끝까지 담담하게 불러낼 수 있을까 하는 의문 때문이었다. '다정다감하다, 자상하다, 살갑다'라는 표현과는

부르지 못한 노래 151

거리가 먼 형님이다. 속정은 깊을망정 겉으론 투박하며, 나름의 굴곡 많은 삶을 살아온 형님이다. 베풀길 좋아하나 여건이 따라주지 못하는 노후의 삶이기에 마음껏 해주지 못하는 딸에게 미안하고 아쉬운 마음이 컸을 것이다. 그런데도 딸자식의 행복을 염원하는 아비의 마음을 노래에 담아 전하고 싶었던 게 형님의 마음이었다.

딸의 행복을 염원하는 마음을 노래에 실어 담담하고 구성지게 부른다면 하객들도 아비의 마음을 잘 담아낸 노랫말에 공감하며 결혼식의 한 장면으로 지나갈 것이다. 그러나 형님의 성품과 저간의 사정을 알기에 끝까지 담담하게 불러낼 수 있을까 하는 물음에는 회의적이었다. 새로운 출발을 축복하는 자리가 눈물지고 마음 짠한 결혼식이 되는 것은 막아야겠다고 생각했다.

결혼식까지 불과 한 달여, 만일의 사태에 대비해 우선 그 노래를 익혀두기로 했다. 만일 우려하는 상황이 발생하면 혼주석 바로 뒷자리인 가족석에 앉아있으니 얼른 형님의 마이크를 넘겨받아 노래를 이어 불러 상황을 수습해 버리자는 심산이었다. 혼주 가족으로 결혼식을 원만하게 진행되도록 해야 할 의무도 있고, 또 형님보다 한결 담담하게 노래할 수 있을 것이며 모양새도 과히 나쁘지 않으리라. 나 또한 신부의 작은 '애비'가 아닌가.

불러본 횟수가 족히 쉰 번은 넘었으리라. 어느 정도 노래를 익혔을 무렵 함과 예단이 오가고 그 며칠 후 다시 형님 집에 모였다. 지방에서 오는 친지와 하객 응대 등 이런저런 얘기 끝에 형님에게 축가를 어찌할 거냐고 슬쩍 물었다. 딸의 행복을 바라는 아비의 마음을 전하고는 싶으나 사위가 축가를 부른다고 하니 굳이 나까지 나서야 할 필요가 있나 싶어 고민 중이라 했다. 조카의 의향도 물어보니 신랑이 준비한 축가가 있으니 굳이 아빠가 안 해도 된다고 했다. 속으로 "휴." 하는 안도의 한숨이 나왔다. 성악을 전공한 사위가 제 체격만큼이나 크고 우렁찬 목소리로 불러제낄 '사랑의 세레나데'에 비하면 형님의 노래는 '트로트' 소위 '뽕짝'이 아닌가. 노래의 품격에 있어 비교하기가 좀 그렇다. '이건 영 아닌데…. 애지중지 기른 딸을 데려가는 것도 한편으론 괘씸(?)한데 노래마저 압도당한다? 내가 얼마나 딸을 생각하는지 노래를 잘 듣고 내 딸에게 잘해야겠다는 생각을 뼛속 깊이 심어주려 했는데 하필 성악을 전공한 녀석이 직접 축가를 한다니 이건 좀 아닌데….' 아마도 이런 생각 때문에 망설인 것으로 짐작되었다.

결혼식 당일, 신랑은 당당한 체격에서 뿜어나오는 우렁찬 목소리로 도무지 뜻을 알 수 없는 무슨 '사랑의 세레나데'를 열창해 열렬한 박수와 환호를 받고, 장인어른의 심중은 알 바 없다는 듯 특유의 서글서글, 아니 능글능글한 표정으로 하객들의 환호에 여유 작작, 의기양양했다. 그런 신랑의 모습에 아비의 심중을 헤아릴 겨를이 없는 신부는 만면에 미소를 지으며 신랑만 바라보았고, 혼주석 뒷자리에 앉아있던 나로선 그때 형님의 표정이 어떠했는지를 볼 순 없었지만, 그 마음은 짐작할 수 있었다.

얼마 전 형님 집에서 조카 부부와 저녁을 함께 했다. 출산을 앞두고 있어 배가 많이 불렀고 이젠 아기의 발길질에도 익숙하다고 했다. "아기를 생각해서라도 잘 먹어라." 하니 야식을 자주 시켜 먹은 탓에 체중이 많이 늘었다며 서로 마주 보며 웃는다. 그런 모습을 떠올리며 그때 미처 전하지 못한 말을 마음속으로 다시 되뇌어 본다.

'그래라. 그리 재밌게 살려무나. 신혼도 한때이고 인생도 그리 긴 게 아니더구나. 사는 동안 서로 토닥이며 오누이처럼, 남매처럼 오순도순 살려무나. 효도란 게 따로 없다. 너희 둘이 재미나게 살아주면 그게 바로 효도가 아니더냐. 지금처럼 서로 아껴주며 재미있게 살길 바란다. 다만 한 가지, 축가로 <애비>를 부르려 했던 아비와 장인의 마음을 잘 헤아리고, 또 혼자 오만가지 쓸데없는 생각을 해가며 한 소절도 부르지 못한 노래를 목이 쉬도록 연습한 작은 아비의 마음도 조금은 알아주길 바란다.'

집밥

　아들은 영상디자인을 전공했다. 졸업 후 취업을 마다하고 작업실을 얻어 뮤직비디오 제작을 시작으로 영상제작업을 한 지 어느덧 10년이 넘었다. 대학 졸업을 앞둔 무렵 여느 부모와 같은 생각으로 취업하길 바랐다. 후일 해당 분야의 사업을 하더라도 기업의 의사결정 과정과 절차를 파악해 두는 것도 필요하리란 생각 때문이었다. 또 개인적으로 마련하기 쉽지 않은 고가의 첨단 장비도 다뤄보고 기업이 축적하고 있는 제작, 마케팅기법 등도 익힌 후 독립하길 바랐다. 하지만 자신의 의도를 오롯이 담은 작품을 독자적으로 기획, 추진할 수 있는 위치까지 가려면, 족히 십 년은 걸릴 것 같다며 국내 굴지의 기업에 취업한 지 불과 몇 달 만에 사직하고 허름한 건물에 작업실을 마련하여 독립하였다. 얼마 후 방송국 관련 부문 경력직 채용에 응모해 볼 것을 권유해 보았으나 같은 생각이기에 그 후로 취업 얘기를 꺼내지 않앉다.

  이 직업의 특성이 밤낮이 바뀐 생활 외 밤낮의 구분이 없는 것이었다. 기획, 제작, 섭외, 촬영, 편집 과정 등을 거쳐 작품이 완성되기까지 따로 정해 놓은 작업시간이나 밤과 낮의 구분이 없었다. 작업 효율 때문인지 올빼미 같은 생활이 일상이고 밤샘 작업을 밥 먹듯 했다. 남들이 곤히 잠든 한밤중이나 이른 새벽에 나가 밤샘 촬영이나 작업을 마치고 새벽녘이나 다음 날 밤늦은 시간에 귀가하는 모습이 이제 그리 생경하지도 않다.

  그런 노력 덕분인지 요즘은 제법 알려진 방송국 프로그램에 부분적이나마 참여하는 빈도가 늘고, 관련 잡지에 떠오르는 신인 감독으로 소개되기도 했으며 얼마 전부터 대학강의도 하고 있다. 본인이 좋아하고 아직 젊기에 체력적으로 큰 무리는 없어 보이나 부모의 관점에서 아들의 불규칙한 생활이 걱정되고 안쓰러운 것은 어쩔 수 없다. 규칙적이지 못한 생활이다 보니 집에서 밥 먹는 것도 일정치 않고 세 식구가 식탁에 모여 앉아 식사하는 일도 드물다. 어쩌다 주말에 함께 있더라도 촬영한 영상을 편집하느라 부자지간에 일상적인 대화를 나눌 기회도 흔치 않다. 그렇기에 매일 출퇴근이 일정한 나와 달리 불규칙한 시간에 피곤한 몸으로 귀가하는 아들과 나누는 대화는 항상 짧기만 하다. "요즘 일은 어떠냐. 힘든 건 없니. 자금 사정은 어떠냐. 밥은 잘 챙겨 먹도록 해라." 등의 짧은 몇 마디가 주고받는 대화의 전부다. 어쩌다 주말 아침, 함께 목욕이라도 함께 갈 요량으로 자는 아들의 어깨를 흔들면 피곤하다며 고개를 가로젓는다. 목욕탕에서 등을 밀어주다 어느새 나보다 더 건장한 아들의 등을 보며 이제 잔소리할 단계는 지났구나 했던 게 언제였던가. 본인의 독자적인 삶을 위해 결혼시켜 독립시켜야 하나, 교제 중인 여자 친구도 일에 우선순위를 두고 있어 부모 생각만으로 어찌하지 못하고 있다.

생활방식이 그러하니 집밥을 먹는 경우가 하루 한 끼 정도에 불과하다. 이 경우 아내는 신혼 시절 내가 받은 밥상 이상의 정성으로 아들 밥상을 차린다. 그런 엄마의 밥상에 대해 아들의 생각이 담긴 뮤직비디오가 한 편 제작되었다. 아들의 관점에서 풀어낸 엄마의 밥상에 대한 해석은 수십 년간 밥상을 받은 남편이 깨닫지 못한 아들만의 해석이 담겨있었다.

엄마가 차려내는 밥상과 관련한 장면이 뮤직비디오에 나온다. 영상으로 봤을 때 그 의미를 간파하지 못한 장면이 하나 있었다. 귀가한 아들에게 엄마가 차려내는 밥상에는 항상 모락모락 김이 나는 밥그릇이 있는 장면이다. 엄마의 따뜻한 밥상이라는 정도로 이해했으나 아들의 연출 의도는 그게 아니었다. 엄마가 차려주는 밥상은 밥그릇이 맨 나중에 놓인다. 즉, 아들이 밥상에 앉은 후에야 밥그릇이 놓인다. "와서 밥 먹어라."라는 엄마의 부름에 아들이 밥상 앞에 앉고 나서야 밥솥의 밥을 퍼 아들의 밥그릇에 담아낸다. 가장 따뜻한 밥을 아들에게 먹이고 싶어 하는 게 엄마의 마음이라 해석하여 갓 퍼담은 밥그릇에 김이 나는 영상으로 표현한 것이라 했다. 오랜 결혼 생활 동안 남편으로서 간파하지 못한 아내의 마음을 아들은 그렇게 해석하고 뮤직비디오에 담아낸 것이었다.

　대학 입학 후 군 입대 전까지 2년을 기숙사 생활을 했기에 주말에야 하루 또는 이틀 집에서 묵고 갔다. 학교 식당 밥과 사 먹는 밥에 질렸다며 엄마가 해주는 집밥이 가장 맛있고 최고라며 아내의 기분을 곧잘 업시켰다. 아내도 그런 아들의 반응에 흐뭇해하며 갖은 솜씨와 정성으로 밥상을 차려내는 것이다. 결혼 생활 40년 동안 무딘 남편에게 듣지 못한 칭찬에 대한 갈증을 아들에게 보상받는 느낌이었으리라. 나 또한 주말이면 그런 아들 덕분에 평소보다 훨씬 더 풍성해진 밥상을 대할 수 있었다.

어릴 적 어머니는 겨울이면 아버님 밥그릇을 항상 온돌방 아랫목 이불 속에 묻어두셨다. 아버님 밥상이 차려진 후 마지막으로 이불속 밥그릇을 꺼내 상위에 올리는 것으로 아버님 저녁상이 완성되었다. 그런 어머니의 모습을 보고 자라지 않았던가. 무덤덤에 무심함이 더해져 밥그릇에 담아내는 그런 아내의 마음을 언제부터인가 놓치고 있었던 것이었다. 아들 밥상 차림에 대한 아내의 그런 마음은 지금도 진행형이다.

아들에게 한 수 배운 그때 이후, 식탁 위에 밥그릇이 놓여 있지 않아도 시장함에 부렸던 짜증 대신 그런 마음인 것으로 이해하고 있다. 아내가 담아주는 밥그릇에는 항상 내 정량보다 많은 양의 밥이 담긴다. 매번 덜어내는 것을 알면서도 그대로인 것 또한 아들을 대하는 마음처럼 조금이라도 더 먹게 하려는 마음이라 이해하고 있다.

어쩌다 주말, 집에 있는 아들을 보며 묻는다. "오늘도 촬영 있어? 오늘도 나가니?" 내가 그리 묻는 이유를 아들이 온전히 알기까진 앞으로도 한 이십 년은 더 걸리리라 생각하며 나 혼자만의 미소를 짓는다.

홈트와 목트

 '홈트'. 처음 들었을 때 무슨 말인가 했다. 홈트레이닝(Home Training)을 줄인 표현임을 아들과 대화가 잦은 아내가 알려줬다. 영상 제작 일을 하는 아들이 코로나 상황으로 집에서 작업하는 시간이 많아지고 바깥 활동이 줄어든 만큼 체중이 늘었다며 푸념했다. 아직 외모에 신경 쓰는 나이라 이해되었다. 예전과 같이 헬스장도 편하게 드나들 수 없는 사정이니 집에서라도 운동해야겠다고 했다. 며칠 후 아들이 '홈트'용으로 사들인 운동기구가 거실 한쪽을 차지하였다.

 백세시대란 말이 회자된 게 이미 오래전이다. OECD 국가 중 노인인구(장수) 비율이 1위인 나라의 국민답게 건강관리를 위해 투자하고 신경 쓰는 정도가 예전과 비교할 수 없다. 중년에 접어들며 자신의 건강을 관리하는 방법은 다양하다. 걷기, 테니스, 등산, 헬스 등의 운동 외에도 참으로 다양한 건강보조식품을 복용하기도 한다. 그런데도 주변에 건강상의 이유로 치료나 사전 예방을 목적으로 병원 출입을 하는 동년배의 친구나 지인이 제법 있다. 그중에는 젊은 시절 과도한 음주로 인한 후유증이나 면역력이 떨어진 지금 나타나는 현상으로 짐작되기도 한다. 그들과 대화를 하다 보면 의사와 상담, 진단, 처방 등 병원 출입을 통해 체득하고 있는 건강 관련 지식이 일반적인 수준을 훨씬 뛰어넘기에 놀랍기도 했다. 몇 년 전만 하더라도 건강상 별다른 문제가 없었기에 그들과의 만남에서 그런 대화가 길어지는 게 지루하였다. 어디가 안 좋아 어느 병원에 다녀왔고, 무엇이 효과가 있었다는 등의 얘기를 들으며 이제 우리도 노인이 되어가는가 하는 생각에 씁쓸한 기분이었다. 건강이 대화의 중심이 된 지 한두 해가 지나자 그들이 얘기했던 증상을 부분적으로나마 나타나기에 그때부터 그런 대화에 조금씩 관심을 가졌다. 부모님 두 분 모두 구순을 넘기셨기에 태생적으로 건강한 유전인자를 물려받은 셈이다. 가족력도 없으니 무엇보다 소중한 유산이 아닐 수 없다.

  초등학교 시절 소사 아저씨가 가마솥에서 찐 김이 모락모락 나는 옥수수빵을 운동부원에게만 나눠주기에 그 옥수수빵이 먹고 싶어 배구부에 들어가 지금은 없어진 9인제 극동식 배구의 마지막 세대로 2년간 선수 생활을 했다. 그 덕분에 동년배보다 운동 신경은 다소 나은 편이며 비교적 건강을 잘 유지해 왔다. 고교 시절 태권도를 했고 학교에선 평행봉과 철봉에 매달려 살다시피 했으며 집에서 아령으로 몸을 단련했던 것도 건강한 유전인자와 함께 현재의 건강을 지탱해주는 기반이 된 것으로 믿고 있다. 그 후 직장과 대학, 대학원 과정을 병행했던 주경야독의 생활이 이어짐에 마음과는 달리 운동으로 건강을 다지는 기회는 더욱 멀어져 갔다. 가슴, 허벅지 근육이 줄고 빠지는 시간만 흘러 퇴직 무렵 빠질 대로 빠진 가슴 근육과 물렁해진 허벅지 근육을 보며『삼국지』유비의 '비육지탄'의 고사가 생각나기도 했다.

퇴직을 앞둔 무렵 우연한 기회로 우리 고유의 정통 선법 '혈기도'에 입문했다. 오랜 기간 설악산에서 수련하신 관장님은 칠순의 나이임에도 붉은 혈색의 동안에 아기와 같은 피부를 가지신 분이었다. 국내 유일의 도장에서 1년간 수련 후 지금까지 지속하고 있는 나의 유일한 건강관리법이다. '혈기도'는 300여 가지의 동작을 호흡과 병행하며 몸을 수련한다. 숨을 들이마시고 내쉬는 한 호흡이 일반인보다 훨씬 길다. 호흡과 스트레칭을 병행하며 깊숙이 들이마신 공기를 하나도 남김없이 뱉어내는 호흡법을 연마한다. 7년 이상 수련한 검은 띠 사범의 한 호흡은 일반 수련생의 거의 두 배에 이른다. 끊임없는 수련으로 내 몸을 아기 때의 몸 상태로 되돌리려 함이 지향점이다. 수련을 계속하여 어느 단계에 이르면 그런 현상을 느낄 수 있다고 했다. 즉, 엉치뼈 아래의 퇴화하여 붙어버린 꼬리뼈가 다시 분리되는 증상을 느낀다고 했으나 그 단계까지 가지 못했다. 그 후 지금까지 매주 한 차례 이상 10여 가지의 기본 동작과 호흡법을 위주로 한두 시간의 운동을 통해 체내 기(氣)의 순환을 도모하고 관절과 근육을 이완시키는 스트레칭을 지속하고 있다.

  내가 이 운동을 하는 장소는 집도 체육관도 아닌 동네 목욕탕이다. 매주 토요일 이른 아침 목욕탕 개장 시간에 맞춰 간다. 예전에도 목욕을 즐기는 편이었으나 지금처럼 규칙적이지 않았다. 10여 년 전 투병 중이던 동료가 체온을 1도만 올려도 몸 안의 나쁜 바이러스 균을 없애는 데 효과적이라며 온욕을 권했다는 의사의 말을 전해 들은 후부터였다. 매주 토요일 집에서 차로 10분 거리에 있는 이웃 동네 목욕탕으로 간다. 굳이 이웃 동네 목욕탕에 가는 이유는 목욕탕이 3층에 있어 통풍과 환기가 잘 되고 청결 유지에 철저한 주인에 대한 신뢰 때문이다. 지난 3년여 코로나 시국 하에서도 두 차례 걸렀을 뿐 매주 토요일 목욕탕에 갔다. 그 시간이면 이용자가 없거나 있어도 두세 명 정도라 조용하고 깨끗한

물을 이용할 수 있었다. 어떤 날은 첫 번째, 대부분 세 번째 이내의 손님으로 목욕탕을 이용하고 있다. 샤워하고 온탕에서 몸을 덥힌 후 열탕을 주로 이용하나 좁은 공간의 사우나실 출입은 자제한다. 10여 년을 다녔으니 같은 시간대에 오는 낯익은 분들과 서로 인사를 나누기도 한다. 대부분 운동하는 모습을 지켜보다 먼저 말을 건네온 분들이다. 코로나가 유행 초 매주 목욕탕을 가는 대신 샤워하라는 가족들의 권유와 걱정 어린 잔소리에 한 번 건너뛰었으나 오랜 습관 탓인지 그 주 내내 몸이 찌뿌듯함을 떨치지 못해 다시 목욕탕을 찾았다. 가족에겐 이른 시간이라 손님이 없어 감염 위험도 덜하고 필요하면 마스크를 착용하니 걱정하지 말라 했다. 이후 코로나 앤데믹이 거론되던 올해 3월 매일 점심 먹으러 함께 다닌 과장과 동시에 감염되어 자가 격리했던 일주일을 제외하곤 목욕탕에 가는 일은 현재까지 나만의 '소확행'이자 건강관리법이다. 아들이 집에서 하는 '홈트'로 몸을 관리한다면 나는 목욕탕 트레이닝 즉 '목트'로 건강을 관리하는 셈이다. 각사의 취향과 여건에 따라 '홈트'이던 '목트'이던 건강관리를 위한 자기만의 건강관리법이 있다면 바람직하리라.

오늘이 목요일, 내일 하루 지나면 모레 아침 뜨거운 탕 속에서 나만의 건강관리법이요 힐링 수단인 '목트'를 즐길 수 있다. 그 한두 시간이 지난 일주일간의 묵은 피로와 스트레스를 털어내고 새로운 한 주를 맞이할 수 있게 하는 소중한 시간이기에 나만의 목욕탕 트레이닝, '목트'하는 날을 기다린다.

플루리움 뉴스

"오늘 저녁 뉴스는 뭐야?" 퇴근 후 집에 들어서며 아내에게 하는 말이다. 같은 아파트 단지의 이웃에 사는 구순이 지난 장인어른에게 오늘은 또 어떤 일이 있었냐고 묻는 것이다. 기다렸다는 듯 아내의 하소연이 시작된다. 어제와 별반 다를 바 없는 내용이지만 계속되는 것이 걱정스럽다. 코로나 방역으로 인한 제반 규제가 해제된 후 장인어른의 하루는 마치 가뭄 끝에 단비 만난 농부와 다름없다. 하기야 그 엄중한 코로나 시국 하에서도 매일 서울 나들이를 하신 양반이니 방역 정책이 완화된 마당에 더 망설일 것도 없었다. 동네 골프용품점을 드나들며 골프 장비를 하나둘 사들일 때만 하더라도 유일한 운동인 골프를 위한 지출이니 비싸긴 해도 이해할만했다. 또 화랑과 미술품 경매장을 드나들며 하나둘 소품을 사면서부터 가끔 장모님과 가벼운 실랑이도 있었으나 그래도 수입 범위를 초과하지 않았기에 넘어갈 만했다.

그러다 얼마 전부터 백화점을 출입하면서부터 좀 심각해지기 시작했다. 백화점 출입 빈도에 따라 소비가 늘어남에 급기야 수입을 초과하는 경우가 발생한 것이다. 이런 지출을 가능하게 한 것은 십여 년 전 본인 소유의 3층짜리 상가 건물을 처분한 돈을 몽땅 금융기관에 맡기고 생존하는 동안 매월 통장으로 입금되는 연금 덕분이다. 직장인 평균 월급보다 많은 금액으로 주위의 권유에 따른 일이었다. 참 잘한 일이었고 화랑을 출입하기 전까지는 아무런 문제도 없었다.

그러다 그림이 점점 늘어나고 백화점으로 활동 영역이 넓어지며 문제가 생겼다. 본인 통장에 입금되는 액수보다 지출액이 간혹 초과하는 것이다. 판단력, 기억력 등이 예전같지 않기에 남은 할부금 잔액을 가늠하지 못하는 데다 마음에 드는 물건을 보면 참지 못하기 때문이다. 지갑에 있는 카드를 꺼내는 데는 분명 백화점의 수준 높은 고객 맞춤형 서비스 즉, 신상이 들어오면 구순이 넘은 고객이라도 빠짐없이 '신상 입하'라는 문자를 보내 구매 욕구를 충동질하는 백화점의 마케팅 전략도 한몫했으리라. 또 그것만이 아니다. 회장님, 회장님이란 극존칭에 아리따운 매장 여직원의 살갑고 극진한 대우를 받는 일은 집에서는 결코 누릴 수 없는 일이다. 서울에 가기만 하면 내 의지와 상관없이 천관녀의 집으로 향하는 김유신의 애마처럼 발걸음이 저절로 백화점으로 향했고 마누라와 딸년의 신신당부 따윈 안중에 없었다.

　우연히 지난달 관리비가 연체된 것을 안 아내는 깜짝 놀랐다. 관리비의 열 배가 훨씬 넘는 액수의 돈이 관리비 통장으로 들어오는데 통장의 잔액이 부족하다는 사실을 믿기 어려웠을 것이다. 누구에게 돈을 빌려주지 않은 다음에야 부족할 리 없다고 생각했으나 카드 사용명세서를 살펴본 후 영감님의 무절제한 카드 사용 때문임을 확인한 아내의 근심과 불안은 커지기 시작했다. 나름 바로 잡고자 애써봐도 효과가 없고 마땅한 대책도 없기에 내게 푸념과 하소연을 하는 것이었다. 정작 마나님과 딸의 태산 같은 걱정을 불러일으킨 장본인은 다음 달이면 해결된다며 태평하시다. 일 년 전부터 매일 들르는 곳이 인사동 화랑이고 주인 영감의 권유로 고서화 경매장에 출입한다고 듣고 있었다. 처음엔 영감님의 고상한 취미쯤으로 여겨 긍정적으로 생각했다. 미술품에 대한 안목을 키울 수 있을 것이고 작은 그림 한두 점 들고 오시는 모습이 좋아 보이기도 했다. 문제는 그 이후였다. 한두 점 사 오시는 그림의 크기가 점점 커지고 고서화에 문외한인 내가 보기에도 그림값이 만만치 않아 보이는 유명작가의 그림도 있었다. 마침내 장모님의 잔소리와 제재가 시작되었고 그로 인한 두 분간에 언쟁도 잦아지고 아내도 이에 가세하였다. 당신께선 뒤늦게 깨우친 고미술품에 대한 애정과 뒤늦게 발견한 예술적 감성을 몰라주는 마누라와 딸년이 그저 야속하기만 할 따름이었다. 한겨울 보일러 켜는 것도 아끼며 평생을 알뜰살뜰 살림해오신 장모님은 그깟 낡아빠진 그림에 무슨 돈을 펑펑 쓰냐며 차라리 맛난 거나 사 먹고 좋은 데 구경이나 할 것이지 하는 주장이다. 그런데도 장인어른의 고미술품에 대한 애정과 불타는 예술적 욕구는 식을 줄 몰랐고 두 분간의 언쟁도 끊이지 않았다.

　아내의 푸념과 하소연의 주된 내용이 장인어른의 씀씀이에 관한 것이다. 여생을 엄마랑 맛있는 것 드시고 함께 좋은 구경이나 다니시길 바랐으나, 얄미운 화랑 영감의 꾐과 여우 같은 백화점 여직원의 홀림에 넘어가 엄마는 뒷전이고 그림, 옷, 신발과 필요하지도 않은 골동품 사는 데 정신이 팔려있으니 딸로선 그런 아버지의 처신이 안타깝고 야속하기만 했다. 몇 번을 잔소리와 신신당부도 해보았으나 도무지 나아지지 않는다며 이를 어쩌면 좋으냐고 하소연하는 것이다. 그때 이후 귀가하면 내가 먼저 묻는다. "오늘 저녁 뉴스는 뭐야?" 쏟아지는 아내의 푸념과 하소연을 다 들은 뒤 아내에게 말한다. 그 연세에 건강하신 것만 해도 어디냐. 그 연세의 노인 대부분이 요양원이나 요양병원에 있고 지금 쓰는 돈만큼 병원에 갖다주고 있지 않느냐? 어차피 못 고칠 바에야 그냥 본인이 하는 대로 지켜보며 큰 문제가 없도록 가끔 살펴보는 것으로 하라. 아내는 수긍하면서도 아쉬움을 떨치지 못한다. 최근 백화점 출입과 함께 화랑 영감님 딸이 하는 빈티지 가게도 다니는 것 같다며 한숨을 내쉰다.

　졸수(卒壽)를 넘어 백수(白壽)를 바라보는 영감님이다. 그 연세에 건강하신 것만으로도 감사한 일이다. 본인의 의도와는 달리 아내와 딸에게 걱정을 끼치고 있으나 이 또한 건강하기에 발생하는 일이다. 얼마 전 아파트 이름이 '플루리움'으로 바뀌었다. 플루리움(Plurium)이란 라틴어로 '더 많은' 뜻이라 한다. 얼마 남지 않은 생을 더 많은 걱정과 근심거리가 아닌 더 많은 기쁨과 행복한 순간을 아내와 딸에게 선물해주는 그런 여생을 누려주시길 소망해 본다.

특별한 당신

　홍콩에 사는 처남 아들의 결혼식에 다녀오기로 했다. 누구보다 친손자 결혼식에 가고 싶으실 장인 장모님이 구순을 넘은 고령으로 가지 못하기에 두 분의 몫까지 더하여 아내와 함께 다녀오기로 했다. 처음 연락이 왔을 때 간다고 했으나 얼마 후 양가의 합의로 간소한 결혼식을 하기로 했다며 안 오셔도 된다는 처남의 연락에 약간의 아쉬움과 함께 알았다고 했다. 그러다 결혼식 열흘 전쯤 꼭 다녀오라는 장모님의 당부가 있었다. 장모님과 장인어른은 지난해 홍콩 아들 집에서 한 달 넘게 머물다 오셨다. 계시는 동안 예비 사돈의 초대로 식사도 하며 서로 인사를 나누었기에 결혼식에 안 가봐도 되나 나와 아내는 꼭 갔다 오라며 신신당부하였다. 처남의 마지막 혼사이고 두 분 수발에 지쳐있는 아내에게 바람도 쐬게 할 겸 처남과 통화 후 친구의 여행사에 비행기 표를 부탁했다.

결혼식에 참석하기로 한 다음 날부터 아내는 여행 준비에 바쁜 나날을 보냈다. 처남은 몸만 오라 하였으나 처남댁으로부터 현지에서 구하기 어려운 혼사 용품을 부탁받은 것이었다. 한복집과 재래시장을 다니며 족두리, 노리개, 폐백에 사용할 대추, 밤 등을 사기 위해 이곳저곳을 바쁘게 다녔다. 출국 이틀 전까지 사 모은 물품과 장모님의 정성이 담긴 플라스틱 반찬통이 커다란 여행용 가방과 기내 반입이 허용되는 가방에도 가득 찼으나 그것으로 끝난 게 아니었다. 출국 전날 걸려온 장모님과 통화하는 아내의 목소리가 점점 높아졌다. 겉절이김치를 가져가라는 장모님의 전화였다. 부탁받은 물품과 이미 챙겨주신 반찬통으로 가방에 더 들어갈 데가 없어 못 가져간다는 아내와 그래도 가져가라 하시는 장모님의 실랑이가 한동안 이어졌다. 겉절이는 내가 김치를 좋아하니 가 있는 동안 먹으라고 준비하신 것이었다. 아내와 통화한 처남은 이곳 마트에도 다 있으니 제발 이것저것 보따리 챙겨오지 말고 갈아입을 옷가지 정도만 챙겨 가볍게 오라 했으나 결국 장모님이 이겼다. "우리 엄마 고집을 누가 이겨." 겹겹이 둘러싼 겉절이 김치통을 넣느라 가방의 짐을 다시 풀어 정리하는 아내의 넋두리에는 엄마의 마음을 이해하는 마음도 묻어있었다.

나 또한 가족이 외국에 있기에 익숙한 광경이기도 했다. 장모님과 아내의 마음을 알기에 뭐라고 할 처지도 아니었다. 그냥 편하게 다녀가라는 처남과 좋아하는 반찬 한 가지라도 더 챙겨 보내려는 장모님의 마음이 한판 겨루기를 한 것이다. 그 겨루기의 결과는 매번 장모님, 엄마의 승리로 끝이 난다. 국력 신장에 따라 한인이 거주하는 세계 곳곳마다 한국 식품점이 있어 김치, 라면 등 웬만한 한국 부식을 구하는 데 어려움이 없다. 건강식품으로 알려진 후 웬만한 현지의 매장에는 한국식품 코너가 마련되어 있기 때문이다. 특히, 한우는 그 뛰어난 맛과 육질을 인정받아 현지에서 가장 값비싼 식품으로 판매되고 있다고 했다. 일반 생필품 등은 국내보다 조금 비싸긴 해도 얼마든지 구할 수 있으니 굳이 가져오지 말라는 것이다. 아들인들 엄마의 정성과 손맛이 담긴 음식을 대하는 게 어찌 즐겁지 아니할까만 그것보다 편안한 여행길을 바라는 마음이 우선하기 때문이다. 지켜보는 나로선 어차피 정해진 승부이기에 아내에게 알아서 하라고 할 따름이다. 자식에게 뭐 하나라도 더 입히고 먹이고 싶어 하는 부모님을 어려서부터 보며 자랐기에 하나라도 더 챙겨 보내려는 장모님의 투박하고 고집스러운 모습이 오히려 정겹기조차 하다. 앞으로 저 모습을 몇 번이나 더 볼 수 있을까? 구순을 지났기에 내일을 장담할 수 없다. 살아계시기에 볼 수 있는 부모와 자식 간의 사랑스러운 실랑이다.

엄마의 마음만큼이야 못하겠지만 하나뿐인 동생에 대한 아내의 마음도 이에 못지않다. 똑같이 딸 하나와 아들 하나를 둔 장모님과 아내의 입장이기에 다소 정도의 차이는 있겠으나 자식에 대한 마음이야 별반 차이가 없을 것이다. 어찌 보면 당연한 일이라 치부할 수 있겠으나 또 그렇게 치부할 수만 없지 않을까 싶다. 자식에게 하나라도 더 챙겨주려는 마음을 가진 엄마는 보통의 엄마이기도 하지만 특별한 엄마이기도 하다. 그런 엄마의 모습을 더는 볼 수 없는 그때가 되면 우리에게 아주 특별했던 엄마, 특별한 당신의 모습으로 아내와 처남의 기억 속에 오래 남아있을 것이다.

귀환

휴대폰이 부르르 몸을 떤다. 고교 선배 T형이었다. 통화한 지도 오래되어 서로의 안부를 물었다. 형의 동생 B와 일학년 때 같은 반이었다. 첫 수업 시간 B의 이름이 호명되었을 때 자칫 내가 대답할 뻔했다. 내 어릴 적 아명이 호명되었기 때문이다. 그 인연으로 알게 된 T형과 의형제처럼 친하게 지냈었다. 한번 만나자 했다.

며칠 후, 비가 오락가락하는 날 약속 장소로 가며 무슨 일일까 짐작해본다. 일자리 때문이라면 힘닿는 대로 도와주리라. 형을 태우고 자주 가는 식당으로 갔다. 주문을 마치자 형은 다소 긴장한 얼굴로 안주머니에서 봉투 하나를 조심스레 꺼내 내 앞으로 내밀었다. 이게 뭐냐고 물었다. 대답 없이 내용물을 먼저 확인해 보라 했다. 수표 한 장이었다. 액면에 표기된 숫자가 '6' 다음에 '0'이 여섯 개인 육백만 원짜리 수표였다. 봉투를 다시 형 앞으로 밀어놓고 이게 무슨 수

표냐고 물었다. 돌려받을 생각이 없다는 듯 봉투를 그대로 둔 채 형은 천천히 말문을 열었다.

"10여 년 전 회갑을 맞던 해에 앞으로 삶이 얼마 남지 않았다는 생각이 들었다. 생을 마감하기 전에 정리해야 할 일은 꼭 정리하기로 마음먹었다. 젊은 시절, 사업을 하며 가까운 사람에게 돈을 빌린 후 갚지 못한 네 건 중 그동안 하나는 해결했다. 두 번째로 네 어머니에게 빌린 돈을 갚기로 마음먹고 그동안 조금씩 돈을 모았다. 이 수표는 그때 어머니에게 빌려 간 돈이다. 남은 두 건은 앞으로 모아 갚을 생각이나, 한 건은 금액이 커 다 갚을 수 있을지 모르겠다."라고 했다.

30대 후반부터 건축업에 종사했던 형이었다. 스무 가구 연립주택단지 건축을 맡아 공사 완료 직전에 돌아온 어음을 막을 자금이 부족하여 그때 어머니에게 빌려 간 돈이라 했다. 어머니를 찾아뵙기 전 내게 전화했었다고 하나 기억나지 않았다. 어머니에게 들은 바도 없었고, 그만한 돈이 어머니 수중에 있었다는 것도 믿기지 않았다. 그때 부모님은 은평구 단층 양옥에서 형님과 함께 살던 때였다. 나 역시 결혼 후 따로 생활하여 별도의 돈을 드릴 만한 여유가 없었기에 어머니 수중에 그만한 돈이 있었다는 게 얼른 이해되지 않았다. 혹 형님이나 누님은 아는 게 있는지 물어봐야겠다고 생각했다.

이 돈을 어떻게 마련했는지 물었다. 지난 5년간 매월 10만 원씩 저축했다고 한다. 30여 년 전의 육백만 원이면 결코 적은 돈은 아니었다. 지금 S형의 형편에서도 큰돈이다. 임대 아파트에 입주하여 주거 문제는 해결되었으나 외식업에 종사하던 형수도 코로나로 인해 일자리를 잃어 현재 월 150만 원 정도의 수입으로 생활을 꾸린다고 했다. 그렇다면 이 돈은 형에게 육백만 원이 아닌 육천만 원과 다름없는 액수라 생각되었다.

"나도 모르는 일이다. 또 형에게 육천만 원이나 다름없는 이 돈을 어떻게 할지 어머니에게 먼저 말씀드리고 누님, 형님과 의논해 보겠다." 하고 형과 헤어졌다. 사무실 복귀 후 누님과 형님에게 전화로 얘기하고 주말에 파주 산소에 다녀오는 길에 들르겠다고 했다. 누님과 형님도 모르는 일이고, 그때 무슨 돈이 있어 빌려주셨는지 짐작 가지 않는다고 했다.

이런 일이 있기까지 S형과 우리 가족은 좀 특별한 관계였다. 병환으로 오래 병석에 계신 어머니로 인해 치매를 앓고 있는 할머니, 동생과 함께 고향을 떠나와 마음 편치 않은 서울살이를 하고 있던 형이었다. 우리 가족과 교류하며 여유롭진 않아도 오순도순 살아가는 모습과 자식처럼 대해주는 어머니에게 늘 그리던 가족과 어머니의 정을 일부나마 느끼고 채울 수 있었을 것으로 생각된다. 평생을 교육자로 지역 내 신망이 높고 병중의 아내를 보살피며 칠 남매를 키우신 형의 아버님도 정작 자식에게 필요한 엄마의 정과 손길은 대신할 순 없었다. 형의 고교 졸업식 날, 어머니와 함께 형의 가족을 대신하여 꽃다발을 전하고 형과 졸업 사진을 함께 찍은 것도 그런 연유 때문이었다.

몇 년 후 우리 가족은 서대문구 문화촌(홍은동)에 방 두 칸짜리 집으로 이사하였다. 처음으로 서울에 마련한 우리 집이었다. 이사한 집은 손볼 곳이 많았다. 그런 사정을 들은 형은 간단한 도구들을 챙겨와 천장을 뜯어내고 새로 만들고 다음 날 도배까지 혼자 다 했다. 비록 전문가의 솜씨는 아니었으나 그 집에 사는 동안 불편함은 없었다. 그 일로 형과 우리 가족은 더욱 친밀해졌고 누님은 지금도 그때 일을 가끔 언급하곤 한다.

그 주말, 부모님 산소에 들렀다. 내 손을 떠난 지 30년이 훌쩍 넘어 돌아온 녀석을 맞이하는 어머니의 심중은 어떠하

실까. 수표가 든 봉투를 상석 위에 올려놓고 두 번 절 올린 후 왜 아무런 말씀도 하지 않으셨냐고 여쭈었으나 어머님은 말씀이 없으시다. 대신 지나가는 바람에 스치는 나뭇잎 소리가 '네가 알아서 잘 처리하려무나.'라고 하셨을 어머님의 말씀을 대신 전하는 듯했다.

누님과 형님도 돈의 출처로 짐작되는 게 없다고 했다. 이웃에서 빌린 돈이라면 빌려준 사람이 가만있었을 리 없다. 한 가지 남은 가능성은 독일의 누님이었다. 70년대 초반 파독 간호사로 독일로 간 둘째 누님은 결혼하기 전까지 집안 살림에 보탬이 되고자 그동안 모은 돈을 보냈을 것이다. 그 돈이라면 이해되는 일이다. 자식 같은 S형의 다급한 사정에 그 돈이 어떤 돈인지 알면서도 없다는 말씀은 차마 못 하셨으리라. 다만, 그때 내어주신 그 돈이 되돌아오는 데 30년이 넘게 걸릴 줄 어찌 상상이나 하셨을까.

"엄마가 살아계셨어도 그 돈을 다 받진 않으실 거다. 나도 그 돈을 나눠 받을 생각이 없다. 사정이 어렵다고 하니 절반은 돌려주고 나머지는 형과 의논해 처리하려무나." "대체 그때 무슨 돈이 있어 빌려주셨는지, 또 말씀을 안 하셨는지 모르겠다. 어머니 돈이고, 정확한 출처를 모르니 성급하게 돈을 처리하지 말자. 또 백만 원 정도면 모르겠으나 절반을 돌려주는 것은 아니라는 생각이다. 서둘지 말고 천천히 생각해 보자." 누님과 형님의 말이었다. 내 생각은 반반이었다. 누님의 생각에 형님이 동의한다면 그래도 좋을 것 같았고, 형님의 얘기도 일리가 있었다.

 S형과 만난 지 열흘이 지났다. 가까운 지인에게 이 돈의 처분에 대한 의견을 구했다. 가족여행을 권했다. 소모성 경비로 지출하는 것은 아니라는 생각이 들었으나 곰곰 생각해 보니 그것도 괜찮은 것 같았다. 이삼 년의 터울인 형님과 누님들도 얼마 후면 팔순이다. 각자의 생활에 쫓기느라 다 함께 가족여행 한 번 못했다. 지난해 독일 누님 방문 때 함께한 제주도 여행에도 매형과 내가 가지 못했다. 어머니도 그리하려무나 하실 것 같았다. 돈의 사용처에 대해서는 좀 더 고민해 보기로 하고 일단 여행사를 하는 친구에게 칠순 노인네 서너 명이 가 볼 만한 여행상품으론 어떤 게 있는지 한번 물어보기는 해야겠다.

네가 첫 번째다

　화단에 탐스러운 꽃봉오리를 피운 수국이 지나가던 발걸음을 붙들었다. 나를 그냥 지나치려 했느냐는 듯 절정의 아름다움을 뽐내고 있다. 집 발코니 화분에도 수국이 피었으나 크기와 탐스러움은 화단의 그것과 비교할 수 없다. 매사가 그러하듯 있어야 할 자리에 있는 것과 그렇지 않은 것의 차이다. 땅에서 자라는 것과 화분에서 자라는 것과의 차이가 이리도 다름을 느낀다. 토양, 햇빛, 바람, 물이 식물의 생육과 생장에 요구되는 요소다. 뿌리를 땅에 내린 식물은 최적의 환경에서 가지고 있는 생장력을 마음껏 발휘하고 있다면 발코니 화분에서 자라는 식물은 늘 가까이 보는 즐거움은 있으나 본래의 생장력이 억제되고 있음에 미안한 마음이다. 운동장에서 동무들과 뛰어놀며 자라는 아이와 집에서 혼자 컴퓨터 게임에 빠져 자란 아이로 비유한다면 지나친 비약일까?

틈날 때마다 화분을 돌보는 아내의 모습에 아버님을 떠올린다. 일제 치하, 일본 후쿠오카의 농업전문대학에 유학을 다녀오신 아버님이다. 지금처럼 개인의 역량과 소질에 따른 선택의 범위가 자유롭지 못했던 시절, 식민지 청년으로 선택의 폭이 제한적이었을 것이다. 예술, 문학 등 특정 분야에 뛰어난 재능으로 해당 분야로 유학한 사람도 있었을 것이나, 농업 분야를 선택했음은 집안 사정을 고려한 차선책이었을 것으로 생각된다. 화분 분갈이며 이웃에게 분양해 준다며 화초 손질에 바쁜 아내의 뒷모습에 "자식이 물려받지 못한 성정을 며느리가 대신 물려받았나?" 하는 생각에 아내는 알지 못할 혼자만의 미소를 짓는다.

구순이 넘은 장인·장모님이 이웃에 계신지라 하루에도 몇 차례 발걸음하는 아내. 오가는 걸음에 재활용 처리장 주변에 버려진 화초, 화분을 집으로 가져온다. 분갈이, 거름주기 등으로 화초를 살려내거나, 다음 해 핀 꽃을 보며 자칭 우리 집은 꽃나무 병원이라며 만족해한다. 발코니에 있는 화분 중 제라늄 화분이 가장 많다. 어릴 적 아버님이 가꾸신 화단에는 많은 종류의 화초가 때가 되면 저만의 자태를 뽐냈다. 제라늄, 채송화, 봉숭아, 분꽃, 나팔꽃, 난초, 국화, 백합, 작약, 해바라기와 다양한 생김새의 선인장을 비롯해 내

키만 한 포도나무가 포도송이를 맺기도 했다. 국화도 실국화를 비롯해 크기, 모양, 색깔이 다양했다.

집에 손님이 오면 어머니는 땅속에 묻어 담근 포도주를 하얀색 자기 주전자에 담아 부엌에서 국화 꽃잎을 붙여 지져낸 부꾸미와 함께 술상을 차려내셨다. 술상을 받은 손님은 어디서도 받아본 적 없는 상차림이라 하며 좋아하던 모습을 기억한다. 지금 발코니에는 어릴 적 보았던 크고 탐스러운 국화 대신 작은 화분에 몇 송이 노란 꽃을 피운 화분 몇 개가 전부다. 화분이 한두 개씩 늘어날수록 발코니 공간은 상대적으로 줄어든다. 두 줄로 늘어놔도 좁다고 느끼건만 이제는 세 줄이 되었다. 가진 것도 정리해야 할 때이니 인제 그만 가져오라 해도 흘려듣는다. 어떤 모양의 꽃을 피울지 가늠할 수 없는 주워 온 화초에서 한두 해가 지나면 지금까지 본 적이 없는 꽃이 피기도 한다. 기대하지 않았던 화초가 꽃을 피운 모습을 보고 있노라면 그 보라는 듯 아내는 자신의 결정에 만족해한다.

장독 크기 화분의 꽃 중의 왕 모란, 꽃 보기가 쉽지 않은 녹보수(해피트리), 아침에 피었다가 해 질 녘이면 오므라드는 아이리스(붓꽃)를 보는 즐거움도 크나, 내가 제일 마음이 가는 꽃은 제라늄이다. 어릴 적 보았던 모양, 색깔 외에도 품종이

개량되어 색깔과 모양이 다양해졌다. 발코니에 제라늄 화분만 스무 개가 넘는다. 가끔 주말에 들르는 화원에서 한두 개씩 사들인 탓도 있다. 토종 외 개량종, 수입종까지 형형색색의 제라늄 화분이 점점 늘었다. 번식력도 좋아 꺾꽂이를 해도 잘 자란다. 그리 키운 것을 작은 화분에 옮겨 이웃에게 분양하는 재미에 푹 빠져 화분 손보는 시간이 늘어난 아내다.

꽃을 좋아하는 사람으로 제라늄을 최고로 치는 사람은 드물 것이다. 그러나 사계절 꽃을 보기에는 제라늄만 한 게 없다. 땅에서뿐만 아니라 화분에서도 잘 자란다. 또 한겨울에도 화분마다 번갈아 가며 꽃을 피워낸다. 관리가 특별한 것도 아니다. 햇빛을 보게 하고 가끔 물 주는 것만으로 족하다. 난처럼 키우기가 까다롭지 않고 번식력도 강하다. 비록 모란이나 수국만큼 탐스럽지 않고 아이리스, 녹보수처럼 귀하진 않으나, 사시사철 꽃을 볼 수 있는 즐거움을 선사하기에 제라늄을 좋아한다. 아침 햇살에 이쁜 자태의 꽃망울을 터트려 오후 해 질 무렵이면 오므라드는 하루살이 아이리스가 이기적인 이웃이라면, 제라늄은 화려하거나 탐스럽진 않아도 사계절 꽃을 피우기에 만날 때마다 인사를 나누는 푸근한 이웃과 같다. 교류와 소통이 점점 단절되어 가는 삭막한 아파트 공간에서 사계절 꽃을 피우는 제라늄을 그래서 좋아한다.

흙이 다소 말라 보이는 제라늄 화분에 아내의 눈길과 잔소리를 피해 바가지로 물을 주며 한마디 해본다. "우리 집에 꽃은 많아도 내가 좋아하는 꽃으로는 네가 첫 번째다." 제라늄이 방긋 웃으며 좋아하는 듯하다.

예단을 보내며

사돈 내외분께.

입춘이 지났음에도 추위와 폭설이 기승을 부리고 있는 요즘 먼저 사돈 내외분의 평안과 건강하심을 기원합니다.

딸아이의 혼사와 관련한 예단을 보내며 저희 내외의 심경을 몇 자 글월로 대신 전해 드립니다.

딸애의 혼사를 얼마 남겨두지 않은 저희 내외의 심정이야 여느 부모와 다를 바 없겠으나 장성한 후로는 저희 내외의 말벗이었고 가끔은 가벼운 술 한 잔에 일상의 소소함을 함께 했던 녀석인지라 막상 품에서 떠나보낸다는 생각에 서운함이 없지는 않습니다. 대신 딸애를 아껴줄 반듯하고 믿음직한 아들을 얻게 되는 기쁨으로 채워지리라 믿기에 그런 선택을 해준 두 사람과 그 인연을 허락해주신 두 분께 고맙고 감사하다는 말씀을 드립니다.

부모 된 관점에서 볼 때 아직은 미숙한 점이 많아 앞으로 한 가정을 꾸리고 한 집안의 사랑받는 며느리로서 의당 갖추어야 하는 제반 소양과 지혜로움을 겸비함에 있어 좀 더 많은 것을 가르쳤어야 하지 않았나 하는 생각에 염려 또한 많은 것도 사실입니다. 다행히 딸아이의 성장을 지켜봐 온 바로 심성이 착하고 나름의 분별력과 총명함은 있다고 판단되기에 부족한 점 일깨워 주시고 가르쳐 주신다면 잘 순응해 가리라 믿고 있습니다.

결혼이란 두 사람만의 삶이 아니기에 부디 사돈 내외 두 분과 주위 사람들의 기대에도 잘 부응해 가는 그런 가정을 꾸려나가도록 두 사람이 합심하여 잘해주길 바라는 마음입니다.

함께 보내는 소소한 예물은 부족함이 많으나 제 가족들의 마음을 담아 정성껏 마련한 것이오니 기쁘게 받아주시길 소망하며 향후 예물보다 더 큰 사랑과 믿음으로 두 사람의 든든한 지원군이 되고자 합니다. 저희 내외에게 아드님을 큰아들로 맞이하게 해주신 것처럼 두 분의 큰딸로 딸애를 맞이해 주시기를 바라는 마음입니다. 또한 사돈이라는 관계도 의당 존중되어야 하나 가까운 이웃처럼 더 친밀하고 잦은 왕래가 있는 그런 관계이길 더 바라는 마음입니다.

다시 한번 두 사람의 인연을 허락하신 사돈 내외분께 감사의 마음을 전하며 앞으로 더욱 친밀한 관계이길 바라는 저희 내외의 마음을 소박한 예단과 함께 전해 드립니다.

  늘 건강하시고 평안하시기 바랍니다.

  임진년 세밑에.

사랑하는 남의 할아버지

딸과 아들의 생일이 양력으로 같은 날이다. 음력으로는 일주일 차이가 있다. 생일이 같은 날이다 보니 당사자는 어떠한지 몰라도 부모 처지에서는 편한 점이 있다. 기억하기도 쉽고 매년 두 번이 아닌 한 차례만 신경 쓰면 된다. 평일인 생일을 지나 주말에 집에 와서 저녁을 함께하자는 딸의 전화를 받았다. 굳이 외식보다 몇 가지 음식을 시키고 집에서 준비하면 된다고 아들과 아내랑 함께 오라는 것이었다. 그러마 했다. 딸과 늘 바쁜 사위의 얼굴을 오랜만에 보는 반가움도 있으나 초등학교 3학년 손녀를 보는 즐거움이 더 크다. 방과 후에도 여느 아이들처럼 태권도며 피아노학원에 다니느라 학년이 올라갈수록 얼굴 보기가 점점 어려워진 손녀다. 저 하나뿐이라 엄마·아빠의 관심과 사랑 속에 구김살 없이 자랐다. 또 첫 손주이기에 온 집안 사랑도 듬뿍 받고 있다. 생일 케이크를 식탁에 올려놓고 둘러앉아 엄마 머리에 고깔

모자를 씌우고 생일 축하 노래를 하는 손녀의 모습을 그려 보며 미소를 지어본다. 그런 손녀 모습을 생각하다 예전 딸이 손녀만 했을 때 있었던 생일 축하 노래에 관한 기억 하나가 떠올랐다.

지금 생각해봐도 그때 어린 딸의 기지와 순발력에 웃음을 짓게 된다. 다녔던 회사의 사장님과 장인어른과는 외이종(外姨從) 사이의 인척 관계였다. 비슷한 연배라 부부 동반으로 주말이면 어울려 나들이를 하셨고 그때마다 자주 딸을 데리고 다니셨다. 딸도 자신을 귀여워해 주는 두 할아버지, 할머니를 싫은 기색 없이 잘 따라다니곤 했다. 어느 일요일 생신을 맞으신 사장님 댁에 딸을 데리고 같이 다녀오자는 장인어른의 말에 일요일 장인어른과 함께 사장님 댁으로 갔다. 이면 도로 비탈진 언덕길 양쪽으로 들어선 단독 주택단지 이층집에서 부부만 살고 계셨다. 스무 평 정도 되는 마당에는 잔디가 잘 가꾸어져 있었다. 반갑게 맞이해 주신 사모님과 마침 집에 와있던 막내딸과 인사를 나눈 뒤 잔디 마당의 테이블에 앉았다. 잔디 마당의 푹신한 촉감이 좋아서인지 딸은 따가운 햇살임에도 불구하고 마당을 이리저리 뛰어다니다 마침 마당 한쪽에 있는 배구공을 발견하고 발로 툭툭 건드렸다. 외향적이고 활달한 성격이라 친구들과 어울려 뛰노는 것을 좋아하는 딸이었다. 잠실의 아파트에 살 때다. 같은 층 또래들과 어울려 놀며 복도식 아파트 승강기 앞 계단 다섯, 여섯 번째 계단에서 아래쪽 계단 참으로 뛰어내리는 모습에 깜짝 놀라 그런 행동을 못 하게 주의를 주기도 했다. 딸이 공을 갖고 노는 모습을 본 두 분이 공을 한번 차보라고 하셨다. 두 할아버지의 부추김에 망설이지도 않고 딸은 뒤로 한두 걸음 물러선 뒤 공을 찼다. 공이 이웃집과 경계선인 담벼락까지 날아갔다. 그런 딸의 모습에 "저놈 봐라." 하며 웃으며 한 번 더 해보라는 말에 딸은 몇 차례 더 공을 찼다.

안으로 들어와 차와 과일을 드시라는 사모님의 말에 거실로 자리를 옮겼다. 거실 탁자에는 찻주전자, 찻잔과 가져간 생일 케이크와 일인용 접시 그리고 과일 접시가 놓여 있었다. 차를 마신 후 케이크에 생일 양초를 꽂은 다음 불을 붙였다. 초를 꽂을 때부터 딸의 시선은 온통 양초에 가 있었다. 생일 축하 노래가 끝난 후 초를 '후' 하며 입으로 불어 끄는 일은 대부분 아이가 하고 싶어 한다. 딸도 온통 거기에 집중하고 있는 듯 보였다. 그런 딸의 눈치를 알아차린 사장님이 "그래, 노래하고 나서 촛불은 할아버지하고 같이 끄자." 하셨다. "자, 할아버지 생신 축하 노래해야지." 하는 주문에 따라 딸이 생일 축하 노래를 불렀다. "생신 축하합니다. 생신 축하합니다. 사랑하는…." 이 부분에서 딸이 잠깐 멈칫했다가 이내 노래를 이어갔다. "사랑하는 남의 할아버지 생신 축하합니다." 모여 있던 모두가 손뼉을 치며 박장대소하였다.

"야, 저놈 봐라. 뭐, 사랑하는 남의 할아버지라고." 하며 한참을 웃었다. 한동안 딸의 생각지 못한 재치에 모두가 한마디씩 했다. "어쩜 어린 애가 머리가 그렇게 잘 돌아갈까. 그 순간에 남의 할아버지라고 어찌 생각해 내었을까?" "그래, 맞다. 친할아버지는 한 사람밖에 없으니 남의 할아버지가 맞다 맞아." "그놈 참, 머리가 저리 잘 돌아가니 공부도 잘하겠다." 등 딸의 순간적인 기지 덕분에 케이크를 먹는 내내 '남의 할아버지' 얘기로 웃음꽃을 피웠다.

추석이라 시댁에서 하룻밤을 보낸 딸이 내일 점심때 집에 온다는 연락이 왔다. 내일 엄마랑 함께 오는 손녀에게 이 이야기를 들려줘야겠다. 순발력에 있어서는 딸에 못지않은 손녀의 반응이 어떠할지 못내 궁금해진다.

엄마, 나 반장 됐어

휴대폰에 문자 알림이 떴다. 가족 단톡방에 딸이 올린 사진 한 장이 전송되어 있다. 손녀가 뛰어오는 사진이다. 언제 봐도 귀엽고 사랑스러운 손녀의 얼굴에 함박꽃이 피어있다. 더할 나위 없는 신이 난 표정이다. 뒤이어 문자가 왔다. "서윤이 오늘 반장 됐어요." 얼굴 가득 함박웃음으로 엄마를 향해 뛰어오는 이유를 알 수 있었다.

손녀는 초등학교 3학년이다. 2학기 반장 선거에서 2차 선거를 통해 반장으로 뽑혔다는 것이다. 지난 1학기 반장 선거 때도 나섰으나 2차 투표에서 한 표 차이로 떨어졌었다. 그때 아쉬워하던 손녀의 얼굴이 기억난다. 이번에는 그 반대였다. 손녀가 2차 선거에서 한 표 차이로 반장이 되었다는 것이다. 어린 마음에 매우 기뻤던 모양이다. 지난번 반장 선거에서 아쉬웠던 경험도 있으니, 2차 투표가 진행되고 결과가 발표될 때까지 얼마나 마음 졸였을까 하는 생각에 '그깟 반장 못해도 괜찮아'라고 위로라도 하고 싶은 마음이었다.

큰 차이도 아닌 한 표 차로 아슬아슬하게 반장이 되었으니 어린 마음에 또 얼마나 기뻤을까. 그 기쁜 소식을 제일 먼저 엄마에게 전하고 싶어 수업이 끝나자마자 집으로 내달려온 손녀. '매일 학교 수업을 마치고 집에 도착하는 시간이면 집 앞에서 항상 나를 기다려주는 엄마다.' 그런 엄마를 생각하고 집으로 달려오다 저만큼에서 손을 흔드는 엄마의 모습을 확인하곤 '엄마, 나 반장 됐어.'라는 말을 전하기 위해 뛰어오는 모습이 절묘하게 포착되어 있었다. 사진 속 손녀의 얼굴은 온 세상을 다 가진 듯 더없이 행복한 표정이었다.

잠시 후 딸의 전화를 받았다. 이번엔 영상통화였다. 손녀 얼굴을 영상으로 보며 반장 당선을 축하해 주었다. "우리 서윤이 반장 되었다니 축하해. 앞으로 반장이라 불러야겠네." 손녀가 함박웃음을 지으며 말했다. "할아버지, 반장이 아니고 회장이에요." 요즘 학교에선 반장이라 하지 않고 회장이라 부른다고 했다. 그래도 반장이라는 호칭이 더 익숙하고 정겹다. 우리 때는 학년별 대표나 전체 학년 대표를 회장이라 했다.

"앞으로 친구들과 더 잘 지내고, 선생님 말씀 잘 따르고 많이 도와드려라. 반장은 모든 일에 모범이 되어야 하니, 밥도 잘 먹고 튼튼해야 한다." 하니 "네." 하고 씩씩하게 대답했다. 손녀에게 "반장이 된 기념으로 할아버지가 뭐 하나 사줄까? 갖고 싶은 것 뭐 없니?" 묻자 선물까진 미처 생각하지 못한 듯 바로 대답하지 못했다. 생각나면 얘기하라 하고 통화를 마쳤다.

다시 사진을 들여다보았다. 처음 느낌대로 세상 다 가진 듯 기쁨에 넘치는 표정이라 보는 나도 즐겁다. 아이들의 표정에는 숨김이 없다. 좋고 싫고 기쁘고 슬픈 감정이 얼굴에 그대로 나타난다. 1학기 때 하지 못한 반장이 되었기에 그 기쁨을 제일 먼저 엄마에게 알리고 싶은 마음이 얼굴과 몸동작 하나하나에 그대로 드러나 있다. 저만큼에서 마중 나온 엄마에게 "엄마, 나 오늘 반장 됐어!"라는 말을 누구보다 먼저 전하고 싶었을 것이다.

가족 단톡방에 사진과 함께 소식을 올렸다. 축하의 메시지, 꽃다발, 이모티콘, 소액의 축하금 소식이 이어졌다. 외할아버지로서 무슨 선물을 해주나? 적당한 게 뭐가 있을까? 딸은 손녀가 반장이 되면 비 오는 날 우산을 가져오지 못한 친구들을 위해 교실에 우산을 준비하겠다는 공약(?)을 했다고 하여 우산을 생각 중이라고 했다. 우산 구매에 쓰라고 약간의 돈을 딸에게 보내줄까. 아니면 학급 비치용으로 둘 만한 동화책이나 동시집을 사서 학급에 두는 건 어떨까 하는 생각에 딸과 의논해 보리라 생각했다.

  그날 저녁, 딸과 통화를 마친 아내가 큰소리로 웃었다. 이유인즉, 반장 엄마가 되었으니 애들과 담임에게 한턱내야 하는 것은 아니냐고 했더니 요즘 학교에 그런 문화도 없고 또 하면 안 된다고 했단다. 대신, 비 오는 날 우산을 미처 준비하지 못한 친구들을 위해 우산을 학급에 비치하겠다고 한 손녀의 공약에 맞춰 어린이용 우산 열 개 정도를 구입하기로 하고 퇴근한 남편에게 말했다. 평소에도 하나뿐인 딸과 친구처럼 지내는 사위다. 반장 소식에 기분 좋은 사위는 우산 얘기를 듣자마자 대뜸 "애들이 몇 명인데 열 개가 뭐야. 한 서른 개는 해야지." 하더라며 웃었다. 요즘은 초등학교 한 반의 학생 수가 서른 명에 미치지 못한다고 한다. 경제적 부담으로 결혼이 점점 늦어지고, 출산율도 OECD 최저를 기록하고 있어 학생 수도 그만큼 줄었다는 것이다. 학급 인원이 27명이니 서른 개까진 필요 없고, 또 가지고 온 애들도 있을 테니 한 스무 개 정도만 하기로 했다는 것이다.

  아내가 크게 웃은 이유는 딸과 통화를 마치며 나눈 마지막 대화 때문이었다. 딸에게 "너도 반장 엄마로서 앞으로 잘

해라. 서윤이에게도 신경 더 쓰고, 그리고 반장 엄마 된 것을 축하한다."라는 말에 딸의 대답은 다음과 같았다고 했다.
"네, 알겠습니다. 반장 할머니!"

독일 이웃 제시카

그녀를 처음 만난 곳은 독일 뒤셀도르프 공항이었다. 파독 간호사였던 둘째 누님이 은퇴 후 정착한 곳이다. 칠순을 맞이해 큰누님과 함께한 열흘 간의 여정이었다. 프랑크푸르트 공항 환승을 포함한 13시간의 비행 끝에 도착한 뒤셀도르프 공항에서 독일 누님, 조카와 함께 마중 나온 그녀를 처음 보았다. 첫인상은 비호감이었다. 큰 덩치에 곱슬기 있는 금발 머리는 어깨 너머 너풀거려 사자머리 같았고 화장기없는 민 얼굴에 청바지 차림이라 외관상으로는 바이크족 같았다. 그녀는 양손에 꽃다발과 샴페인 병을 들고 있었다. 친구를 만난 듯 웃는 얼굴로 뒤셀도르프에 온 것을 환영한다며 종이 컵에 샴페인을 따른 후 건배를 제의했다. 얼떨결에 받아마시긴 했으나 다른 사람들의 시선을 느끼며 이게 무슨 경우인가 했다. 누님이 어쩌다 이런 선머슴 같은 여성과 가족 같은 관계가 되었는지 의문스러웠다. 그녀의 차로 우리 일행을 집에 내려다 주고 간 다음 누님의 얘기를 들은 후에야 안심되었다. 제시카는 전형적인 독일인으로 중산층이었다. 의사처방전에 따라 당뇨병 환자의 발 관리(Fusspflege Podologie) 샵을 운영하던 누님 가게에 그녀 부친과 남편이 손님이었던 관계로 알게 된 것이었다. KT와 유사한 도이치 텔레폰(Deutsche Telekom AG)에 근무하며, 대학생 아들 하나를 둔 오십 대 후반의 워킹 맘으로 남편은 IT 기업 고위직이었다.

다음 날은 물론 체류하는 열흘 동안 다섯 차례나 왔다. 평소에도 이리 자주오느냐고 했더니 일주일에 한 번 정도 누님과 함께 장보기 하러 평일의 퇴근길이나 주말에 오는데 우리가 온다는 소식에 열흘 휴가를 낸 것이라 했다. 새삼 그녀의 우리 가족에 대한 배려가 고마웠다. 차로 30분 거리인 이웃 도시의 유기농 식품매장, 레버쿠젠의 놀이공원, 천문전시관에도 그녀의 차로 안내하였다. 또 체류 중 맞이한 내 생일도 그냥 넘길 수 없다며 라인강 옆 식당에서 생일 파티를 열어주고, 집으로 초대하는 등 가족이나 다름없이 대해주었다. 멀리 있는 우리 가족보다 누님에게 더 살가운 독일인 이웃이었다. 그녀는 남편이 면역체계 이상 때문인지 MSG 성분이 포함된 식품을 먹으면 몸에 이상 증상이 생기나, 김치는 그렇지 않다며 김치가 세계 최고의 건강식품이라고 했다. 김치에 대한 박사 학위 논문도 읽었다며 김치 담그는 법은 물론 한국 음식 조리법을 배우는데 진심인 그녀는 인삼과 한식, 특히 김치 예찬론자다. 누님 집에서 식사하는 경우 김치는 건강과 다이어트에도 좋다며 서툰 젓가락질로 연신 김치 그릇으로 손이 간다. 식사 후 남은 음식마저 용기에 담아가는 그녀의 모습은 견실한 독일경제의 기반인 근검절약하는 독일인의 모습을 보는 듯했다.

체류 6일째 되는 날, 제시카는 우리 가족을 집으로 초대했다. 독일 사회 중산층의 생활 모습이 궁금했고 또 독일 가정 방문이 처음인지라 호기심 반 설렘 반이었다. 선물용으로 준비한 홍삼 제품과 꽃다발 외 누님이 담근 김치 한 통을 우리 전통 오방색 보자기에 싸서 그녀의 집으로 갔다. 집에서 기다리고 있던 남편과 아들이 환한 웃음으로 맞이해 주었다. 주방에서 음식을 장만하고 있는 제시카는 늘 보던 모습이 아니었다. 늘 헐렁한 상의에 청바지 차림의 그녀가 손님맞이 옷차림과 머리 손질까지 한 모습에 중년 부인의 기품을 느끼게 했다. 잘게 썬 양배추에 식초를 쳐서 담근 독일 김치 '사우어크라우트(Sauerkraut)'를 비롯한 그녀가 준비한 독일 전통 음식은 좀 짜게 느껴졌다. 식사 후 거실로 자리를 옮겨 남편 건강을 주제로 얘기하다 큰누님은 요가, 나는 혈기도(穴氣道)의 기존 동작 몇 가지를 알려주며 즐거운 한때를 보냈다. 초대에 대한 답례로 귀국 전날, 그녀 가족이 추천하는 한국식당으로 초대하였다. 재료 출처와 조리법이 의문스럽고 우리 입맛과 거리가 먼 베트남 출신 주방장이 만든 한국 음식을 맛있게 먹는 그녀 가족 모습에 언젠가 제대로 된 우리 음식을 맛보여 주리라 생각했다. 귀국 후 코로나19가 유럽 전역에 확산하여 마스크를 구하기 어려워 마스크를 만들어 쓴다는 말에 반출 통제 물품인 줄 모르고 500장을 보내려다 통관 금지 품목으로 보내주지 못한 게 지금도 아쉬운 마음이다. 요즘도 누님과 안부를 나눌 때 제시카가 있으면 서로의 안부를 묻는다. 그때마다 그녀는 이번 겨울에도 올 거냐고 꼭 묻는다. 누님과 조카는 그동안 자기가 잘 보살필 테니 염려하지 말고 건강한 모습으로 다시 만나자 한다.

피부색, 생활환경, 사는 곳은 서로 달라도 사람이 사는 세상이다. 어느 곳이든 이웃과 따스한 정을 나누다 보면 내 집이나, 내 고향 같진 않겠지만 그런대로 살만한 곳이 되리라. 다음 독일행은 언제쯤이 좋을지 책상 위 달력을 뒤적거려 본다.

3.
길을 묻다

다시 바라본 한쪽 길 저만치에서 누군가 내게 손짓을 하고 있다. 망설이는 내 마음을 잘 안다는 듯 미소 띤 얼굴로 이 길은 내가 가 본 길이니 두려워 말고 나와 길동무하여 같이 가자며 오라 한다. 그래, 저 길로 가자.

어떤 인연
늘그막에 큰 감투를 쓰게 되리라
길을 묻다
두 번째 선생님
새내기 작가에게 무슨 이런 일이
천사를 만나다
곰칫국 한 그릇
단골 이야기
오늘 하루는 내가 일등이다
액자 한 점
수리파 원칙
돌 부스러기
고스톱을 치고 싶다
명자, 아끼꼬, 필자
수필 쓰기에 딱 좋은 시간
연식(年食)이 오래되어

어떤 인연

　납품 대금을 받기 위해 L 사장이 A사 3층 경리과에 들어선 게 열한 시쯤이었다. 결재받으러 간 경리과장을 기다리는 중이다. 3개월 전 받은 어음의 만기일이 오늘이었다. 경리과 직원은 모두 네 명이다. 최 양은 전표 작성과 수표 발행을 준비 중이고, 박 계장은 오늘 점심은 백반집이 어떠냐고 김 군에게 묻는다. 좋다는 대답과 함께 이번 학기도 휴학해야겠다고 덧붙였다. 지난해 부친 작고 후, 졸업 일 년을 앞둔 야간대학을 휴학 중인 김 군이다. 어머니 병원비 때문에 등록금 모으기가 쉽지 않다는 한숨 섞인 푸념을 듣고 힐끗 쳐다본 그의 얼굴에 서린 그늘을 보았다.
　사장실에 다녀온 경리과장이 결재받은 서류를 최 양에게 건넸다. 최 양은 준비해 둔 당좌수표와 미리 부탁한 현금다발을 건네주며 확인해 보라 했다. 금액 확인 후, 직원들과 점심이나 하라며 준비해 온 봉투를 과장 책상 위에 놓고 경리과를 나왔다. 계단으로 1층까지 내려오는 동안 휴학을 얘기하던 김 군의 얼굴이 머릿속에 맴돌았다. 가족 부양에 병원비까지 부담하며 등록금을 모으는 일이 쉽지 않은 것은 비단 이번만은 아닐 것이다. 얼핏 들은 기억으로 그의 몇 달치 월급에 해당하는 금액이었다.

 L 사장의 머릿속에 자신의 지난 시절이 주마등처럼 스치고 지나갔다. 읍내에서 버스로 한참을 가야 하는 시골 농촌에서 육 남매의 막내로 자랐다. 열 살 무렵에 아버님을 여의고 얼마 안 되는 농사에 온 식구가 매달렸으나 늘 배가 고팠다. 그런 형편이었기에 중학교 진학을 포기하고 친척의 소개로 부산에 있는 구멍 쇠 공장에 취직하였다. 친구들이 학교에 다니는 동안 공장에서 잔심부름과 청소일을 하며 공장일을 배우고 기술을 익혔다. 그러다 군대를 다녀와 중고기계 한 대로 독립하였다. 몇 평 안 되는 공간에서 먹고 자며 밤낮으로 기계와 씨름했다. 고장 난 기계를 뜯어보고 모르는 것은 이웃 공장을 찾아가 묻고 배웠다. 일했던 공장의 일감 일부를 넘겨받아 납품하며 돈을 모아 기계를 한두 대씩 늘렸다. 납기를 철저히 지킨 신용이 바탕이 되어 거래처가 하나둘 늘었고, 지금은 고정 거래처 납품만으로도 안정된 사업

기반을 갖추었다. A사는 그런 오늘이 있기까지 큰 도움이 된 거래처였다.

   공장으로 가던 발걸음을 다시 A사로 향했다. 왜 다시 오셨냐며 점심 같이하자는 경리과장에게 다음에 하자 하고 김 군을 불렀다. 삼 개월 치 월급을 어림잡아 넣은 봉투를 그의 손에 쥐여주며 "휴학하지 말고, 이 돈으로 등록하게." 했다. 깜짝 놀라며 "아닙니다."를 연발하는 그에게 "내가 집안 사정으로 중학교도 가지 못해 공부에 한이 맺힌 사람이네. 이 돈으로 등록하고 공부 열심히 해서 나중에 형편이 되면 그때 갚게나. 또 내가 많이 못 배운 사람이니 김 군이 많이 배워 나중에 나를 도울 일이 있을 때 그때 도와주게." 했다. 바빠서 가야 하니 휴학하지 말고 꼭 등록하라고 다짐하듯 말하고 돌아섰다.
   "사장님, 고맙습니다. 이 은혜 잊지 않겠습니다. 사장님이 부르시면 언제라도 가겠습니다." 하는 김 군의 떨리는 목소리를 들으며 빠른 걸음으로 A사를 나왔다. 봉투에 담은 액수가 공장 직원 세 사람 월급보다 많은 액수였으나 기분은 좋았다.
   김 군과의 일은 잊은 채, 세월이 흐르고 공장은 점점 커졌다. 생산설비도 자동화했고, 디자인과 기술 분야의 직원 수도 늘렸다. 하늘의 도움도 있었다. 소득향상으로 건강과 멋을 중시하는 경향에 따라 신발이 패션화되고, 디자인과 기능성을 중시한 제품이 쏟아져 주문량이 급격히 늘어났다. 야근조를 편성해 공장을 밤낮으로 가동해야 납기를 맞출 수 있었다. 또 세대를 가리지 않는 등산 붐으로 고가의 등산화용 제품 주문이 쇄도하여 제2공장을 증설하였다. 외국 바이어가 찾아오고 세계적 유명브랜드 N사, A사의 주문량도 늘었다. 몸이 열 개라도 모자랄 만큼 호황을 누리기까지 모든 일이 순탄했던 것은 아니었다. 우후죽순처럼 업체가 난립하고 기술인력 스카우트가 횡행했으며 거래처 확보를 위한 가격 덤핑 행위 등으로 위기의 순간을 맞기도 했다. 거래처 부도로 자금 운용의 어려움을 겪었고 또 오랜 세월 한솥밥을 먹어온 P 이사가 독립하겠다며 사직하는 일도 있었다. P 이사는 이웃 공장 관리부장이었으나 화재로 공장이 문을 닫게 되자 거둔 사람이었다.

  P 이사 사직으로 후임을 고심하던 L 사장의 머릿속에 불현듯 김 군이 생각났다. 급히 수배하여 연락이 닿았다. 대학 졸업 후 대기업에 다니고 있던 그와 전화 통화가 이루어진 날, 간단한 안부를 묻고 바로 말했다. "내 사정이 이러하니

와서 나 좀 도와주었으면 하네. 일을 믿고 맡길 만한 사람을 생각하다 김 군이 생각나서 연락한 것이네. 와서 나 좀 도와줄 수 있겠나?" 듣고 있던 그가 망설임 없이 답했다. "네, 가겠습니다. 사장님이 부르시면 언제라도 가겠다고 하지 않았습니까." 며칠 후, 다니던 직장에 사표를 내고 온 김 군에게 P 이사의 업무를 맡겼다. 김 군은 합류 후, 국내 제일의 강소기업으로 자리매김하는 데 주도적 역할을 했고, 지금은 회사의 재무관리 전무로 L 사장의 오른팔 역할을 하고 있다. 오래전의 인연으로 부름에 화답한 김 군, 아니 김 전무는 예전에 그가 받은 등록금의 몇십 배, 아니 몇백 배 이상으로 그 인연에 보답하고 있는 것이다.

세상에는 많은 인연이 있다. 가족이란 태생적 인연, 결혼을 통한 법률적 인연 외 이웃, 학교, 직장 등의 사회적 인연 등이다. 한평생 좋은 관계를 유지하는 인연이 있는가 하면 또 그렇지 못한 경우도 많다. 순수하고 선한 동기에서 비롯된 두 사람의 인연이 오랜 세월 견고히 이어지고 있어 보는 마음 또한 훈훈하다. 세상에 이런 인연이 많았으면 하는 바람은 비단 나만의 바람은 아닐 것이다.

늘그막에 큰 감투를 쓰게 되리라

　살다 보면 예상하지 못한 일을 겪기도 한다. 문예대학 수필 반의 반장이 된 내 경우가 그렇다. 초등학교 입학 후 대학 졸업 때까지 줄반장 한 번 해본 경력이 전부인 내가 이미 등단 작가, 시인 및 학창 시절 교내 백일장을 휩쓴 쟁쟁한 수강생이 많은 수필 반의 반장이 되다니 그야말로 운수대통한 게 아닌가 싶다.
　중학교 국어 시간에 배운 "마음 가는 대로, 붓 가는 대로 쓰는 게 수필"이라는 한 문장을 수필의 요체로 오인하고 그동안 마음 가고 붓 가는 대로 쓴 수필 아닌 잡필로 이곳저곳 공모전에 응모했던 일을 생각하면 낯이 뜨겁다. 수필의 기본적인 구성과 글쓰기 기본도 모른 채 느낌대로만 글을 썼고, 반듯한 글을 위한 글쓰기 공부를 해야겠다는 생각조차 해본 적 없이 책 한 권 써보겠다며 덤벼든 지 10년이 되도록 아직 마무리하지 못한 내가 아닌가. 이런 내가 17년이나 되는 이 전통 있는 수필 반의 반장이 된 것은 대내외적 위상과 명성에 걸맞지 않다는 생각을 떨칠 수가 없었다.

예정된 13주 동안 조용히 그리고 열심히 배우고 가리라고 생각했을 뿐이었다. 개강 첫날 선생님이 "앞으로 강의 진행과 원만한 운영을 위해 반장을 선임하고자 한다."라며 몇몇 이름과 함께 내 이름이 거론되었을 때만 하더라도 수필 강좌 첫 번째 신청자에 대한 예우 차원으로 그냥 거론하셨거니 했다. 그러나 아직 현직에 있어 컴퓨터 활용이 익숙할 것임에 반장을 맡아주시라는 말씀에 똑 부러지게 '못합니다'라고 대답할 처지가 아니었고 또 그럴만한 배짱도 없었다. 더구나 선생님은 근무지 이천여 주민 중 내 기준으로 최고의 VIP 주민이기에 'No'라고 얘기할 수 없었다.

지난해 오월, 가정의 달을 맞이하여 아파트 주민은 물론 이웃 단지에도 문호를 개방하여 개최한 '사랑과 감사의 편지쓰기 대회'를 선생님의 조언과 심사위원장으로 수고해 주신 덕분에 성공적으로 마무리할 수 있었다. 이런 행사실적 등으로 공동주택 관리부문 우수단지로 선정되어 구청으로부터 상당한 액수의 지원금을 수령할 수 있었으니 선생님은 VIP 정도가 아닌 VVIP 주민이었다.

이름이 거명된 후 자리에서 일어나 참석한 분들을 살펴보았다. 아무리 생각해봐도 내로라하는 분들이 참여한 수필 반의 반장으로 나 같은 사람은 아니라는 생각이었다. 나이가 들수록 "입은 닫고, 지갑은 열어라." 했듯이 이 나이에 수강생으로 받아주신 것 만해도 감사한 일이기에 반장 선임은 전혀 염두에 둔 일이 아니었다. 육십 중반인 나보다야 삼사십 대 아니면 오십 대 청장년(青壯年)이 반장을 맡는 것이 자연스럽고 수필 반에 활력이 될 수 있음은 당연한 일이기에 나 대신 추천할 분을 찾으려는 심산이었다. 그러나 애석하게도 내 자리가 중간쯤이라 뒤쪽에 계신 분들은 사람 보는 눈썰미가 없는 탓에 내 나이와 큰 차이가 없어 보였고 남자 수강생도 몇 분 되지 않았다.

앞쪽 자리의 여성 수강생 중 분명 용모단정하고 재기발랄한 적임자가 있어 보였으나 강의에 몰입하여 한 치의 흐트러짐 없는 자세로 앞만 응시하고 있기에 뒤태만으로는 판단이 서지 않았다. 그렇다고 앞에 가서 얼굴을 빤히 쳐다볼 수도 없기에 강의가 끝나기 전 기회를 봐서 적임자를 물색하여 선생님께 천거하리라 생각한 게 실책이었다. 그냥 사무실 사정도 있고 늙다리인 저보다 젊은 분을 반장으로 선임하여 향후 삼 개월 동안 수필 반에 활력을 불어넣도록 하는 게 좋겠다고 강력하게 어필하지 못한 채 첫날 수업이 끝나버렸다. 결국 '어쩌다 공무원'이 아닌 '어쩌다 반장'이 되어버린 것이다.

책 한 권 써보겠다는 생각을 한 게 10여 년 전이었다. 또 나름의 동기도 있었다. 중장년을 대상으로 한 재취업 수기 공모전에 잘하면 용돈벌이가 될 것 같다는 생각에 입선을 목표로 응모했다가 생각지도 않은 대상을 받았다. 대상도 받았으니 책을 한번 써보는 게 어떠냐는 누님의 권유에 무엇을 쓸 것인가 하는 고민 끝에 퇴직 전후 십 년에 관해 쓰기로 마음먹었다. 그러나 시작은 했으나 절실함이 부족했던 탓에 아까운 시간만 흘려보냈다. 이러다간 뜻을 이루지 못할 것 같은 조바심과 혹시나 하는 마음에 지역 문예 공모전에 응모하기도 하였으나 어림도 없는 일이었다. 편지쓰기 행사가 인연이 되어 선생님과 메일을 주고받으며 글공부를 하던 중 선생님 권유에 따라 수필 반에 등록한 것이었다.

사실 반장이라 하여 막중한 임무가 있는 것도 아니다. 리더가 가고자 하는 방향이나 목표를 위해 보조 역할을 하는 깃으로 보세의 십 부장 격에 불과하다. 글공부하러 오신 도반들을 위해 간단한 음료를 준비하는 일, 두세 컷 수업 사진을 찍어 사무국으로 전송하는 일이며 선생님과 수강생 간의 쌍방향 커뮤니케이션을 위해 단톡방을 개설한 게 지금까지 반장으로 한 일의 전부다. 출석과 과제수행은 수강생과 똑같고 어떤 더하고 덜함의 차이나 특혜도 없다. 반장 전용 주차 공간도 없고 국가대표축구팀 주장 손흥민 선수나 소설 『완장』의 주인공이 팔뚝에 두른 완장도 없으며 강의실 문만 나서면 내가 반장인지 아는 사람은 사무국 직원 말곤 없다. 내 사주에 "늘그막에 귀한 분들과 글공부하는 기회가 있으며, 그때 큰 감투를 쓰게 된다."라는 팔자가 정해져 있어 반장이 된 것이라고 내 마음 가는 대로 생각해 본다.

  귀한 인연으로 선생님과 문우들을 만나 수필 공부를 함께 할 수 있는 것만으로도 이 어찌 귀한 기회가 아닐까. 훌륭한 선생님과 문단의 선배, 그리고 내 삶의 남은 시간을 수필 문학의 길로 함께 걸어갈 문우들과 정을 나누고 글을 교류하며 지낼 수 있다면 반장 아니라 그 이상의 어떤 소임이라도 기쁜 마음으로 수행하리라. 어느새 수업의 반이 지난 지금 '어쩌다 다짐'까지 하게 되었다.

길을 묻다

 두 갈래 길 이정표를 바라보며 한참을 서 있다. 길의 방향을 확인하고도 어느 길로 가야 할지 발걸음을 떼지 못하고 있다. 어쩌면 지금의 선택에 따라 다른 한쪽 길로 가 볼 기회가 영영 없는 것처럼 고민을 거듭하며 망설이고 있다. 이정표 한쪽 길은 저자의 길이요, 다른 한쪽은 작가의 길이다. 어느 길이든 꽃길이 아님은 분명하다. 두 길 모두 울퉁불퉁하고 여기저기 뾰족한 돌부리가 머리를 내밀고 있는 오르내리막이 심한 길이라 했다. 오가는 이도 드문 초행길이기에 선뜻 발걸음을 내딛지 못하고 있는 것이다.
 십여 년 전 수기 공모전에서 생각지도 않은 대상을 받은 게 지금의 고민에 이르게 하였다. 36년간 재직한 내 집 같았던 직장을 퇴직한 후 재취업하기까지 비바람 부는 광야에 홀로 버려진 듯했던 그때의 심경을 적은 글이었다. 입선이라도 했으면 하는 소망과 달리 대상이라는 통보에 그게 정말

이냐고 몇 번을 되물었다. 수상을 계기로 책을 한번 써보라는 누님의 권유에 '내가 저자가 된다고…' 하는 설렘이 있었다. 내 글이 활자화되고 책으로 남는 일이니 멋진 일이다. 주변에 자신의 책을 가진 사람이 드물기에 더욱 그렇다. 근사하고 해볼 만한 일이었으나 가슴이 뛰지 않았다. 설렘은 있었으나 간절함이 부족했기에 실천으로 이어지지 않았다.

어느새 슬그머니 찾아온 60이란 나이, 화들짝 놀라 지나온 삶을 돌아보는 일이 잦아졌다. 우리 세대의 대다수가 그러했듯 나 또한 주어진 삶을 운명으로 받아들이며 열심히 살았으나 무엇 하나 제대로 이룬 게 없다는 사실에 자괴감과 상실감이 엄습해 왔다. 천신만고의 노력으로 사회적 잉여 인간의 범주를 가까스로 벗어난 지금 지나온 삶의 행적을 정리해 보는 것도 의미가 있으리라는 생각이 깊어갔다.

'그래, 퇴직 전후의 10년, 봉급쟁이 꽃이라는 임원으로 승진했던 내 인생의 하이라이트였고 또 퇴직 후 재취업까지 처절했던 그 시절의 상황과 심경을 한 권의 책으로 엮어내는 것도 나름의 의미가 있으리라.' 하는 생각에 이르렀다. 비록 사계절 아름다운 산야를 오색물감으로 화폭에 담아낸 산수화가 아니면 어떠랴, 먹을 풀어 흰 종이에 붓 하나로 담아낸 흑백의 수묵화도 그림이지 않은가.

 신춘문예 공모전에 연이어 도전하였으나 예심 탈락이라는 초라한 성적뿐이었다. 일 년 전의 수기 공모전 입상이 글쓰기를 지탱하는 작은 동력이 되고 있으나 순수문학과는 거리가 있기에 가고자 하는 길이 녹록하지 않음을 실감하고 있었다. 연이은 고배에 내 글의 무엇이 부족하며 어찌 채워야 하는지 고민하였으나 갈피를 잡지 못했다. 공모전 응모 동기 또한 내 글의 부족한 부분에 대한 조언을 얻고자 함이었으나 수백, 수천 편이 응모하는 현실을 도외시한 철부지 생각이었다. 고민이 깊어가던 중 지인의 도움으로 시인이자 동시 작가이며 유명 수필가이신 서금복 선생님께 내 글이 전달되어 조언을 구할 기회가 생겼다. 원고지 뒷면 하나 가득 언급하신 지적과 격려의 말씀은 깜깜한 터널 속의 나에겐 그야말로 한 줄기 구원의 빛이요, 평생 지녀야 할 금과옥조였다. 구성의 열악함, 담으려는 내용이 많아 주제가 취약한 점 등의 세세한 지적과 함께 격려의 말씀을 빼곡히 적어주셨다. 글쓰기 공부에 참고하라며 커다란 쇼핑백에 가득 담아주신 저서와 수필집은 지금껏 받아본 적 없는 최고의 선물이요, 세상 누구도 부럽지 않은 포만감을 주었으나 그 무게만큼 각오 또한 단단히 해야 한다는 무언의 메시지도 담겨있었다.

다시 바라본 한쪽 길 저만치에서 누군가 내게 손짓을 하고 있다. 망설이는 내 마음을 잘 안다는 듯 미소 띤 얼굴로 이 길은 내가 가 본 길이니 두려워 말고 나와 길동무하여 같이 가자며 오라 한다. 그래, 저 길로 가자. 언제까지 망설이고 있을 순 없다. 혼자 가기 외롭고 두려운 길 먼저가 본 그를 의지하며 따라가자. 함께 가다 돌부리에 채여 넘어지더라도 그가 나를 일으켜 줄 것이다. 장엄한 지평선을 만나려면 얼마를 더 가야 하며, 해거름 녘 노을은 어디가 볼만한지도 귀띔해 줄 것이다. 그와 함께 종착지에 이르면 누가 아랴. 다른 한쪽 길로 걸어온 나 같은 벗을 만나 달빛 아래 술상을 마주하고 지나온 길 서로 풀어내며 술잔을 기울이게 될지, 혹여 오래전 노란 숲속의 두 갈래 길을 만나 풀이 더 우거지고 사람들의 발자취가 적은 길을 선택했던 노시인을 뵐 수 있어 내 가슴속 오랜 궁금증에 대한 답을 듣게 될지….
"그때가 당신께서 눈부시게 빛나던 청춘이었는지 삶의 이치를 깨달은 노년이었는지, 가지 않은 한쪽 길에 아쉬움은 없었으며 두 갈래 길을 다시 마주쳐도 같은 선택을 할 것인지…". 내게 손짓하고 있는 그에게로 다가가는 내 발걸음이 점점 빨라지고 있다.

두 번째 선생님

　등단을 목표로 글을 쓴 것은 아니었다. 선생님을 만나기 전까지는 그저 마음 가는 대로 썼다. 좀 더 일찍 배우지 못한 아쉬움에 선생님 말씀 하나하나에 귀 기울였고 배운 것을 내 글에 투영하려 애썼다. 문예대학 수료를 앞두고 등단하게 되리라는 소식에는 기쁨보다 내 글이 등단해도 좋을 만큼의 수준인가 하는 생각이 먼저 들었다. 그런데도 내 주위를 통틀어 등단은 처음이기에 기쁨 또한 컸다.

　등단 소식을 전하면 축하의 인사가 봇물 터지듯 밀려올 줄 알았다. 내가 글을 쓴다는 사실과 공모전을 기웃거렸음을 알고 있거나 또 몰랐더라도 등단 소식을 접한 이들의 반응이 뜨거울 거라 믿었다. 등단이 결코 쉬운 일이 아니기에 당연한 기대감이었다. 물론 가족에겐 그야말로 엄청난 사건이요, 빅뉴스였다. 집안의 경사라며 가족들의 기뻐함과 진심 어린 축하는 예상한 대로였다. 여고 시절 문학소녀였던 큰누님은 본인이 꿈꾸고 닿길 원했으나 기회와 여유를 갖지 못했던 문학에 대한 꿈을 동생이 대신 이뤘다는 점에 울먹이며 떨리는 목소리로 한동안 전화기를 놓지 않았다.

등단 소식을 알려드릴 분들에게 글이 실린 책을 보내드리기로 했다. 등단작이 아버님과 장인어른에 대한 글이니 친가, 외가의 친인척을 우선으로 하고 처가 쪽은 아내에게 맡겼다. 문예대학 문우, 뒤늦은 글공부를 격려해 준 죽마고우, 동기, 선후배, 40년 우정을 이어가고 있는 퇴직 동료, 장인어른의 소원이던 골프장 나들이를 선뜻 해결해 준 고마운 동료 소장, 글쓰기 공간을 열어준 카페 관계자 등을 차례로 발송 명단에 올렸다.

주로 한밤중이나 새벽 또는 주말에 글을 쓰는 편이나 더러 사무실에서 글을 들여다보기에 직원들 또한 글쓰기의 조력자임에 빼놓을 수 없다. 사무실로 배달 온 첫 번째 책 묶음을 풀어 덕분이라는 말과 함께 책을 건넸다. 아내에게 일임한 처가와 이웃 외 내 일상과 관련한 지인, 오래 소식 전하지 못한 전 직장 상사, 은사, 고향 친구도 추가했다. 이런저런 기준으로 세 차례에 걸쳐 책을 발송한 지 일주일을 전후하여 많은 축하를 화환, 전화, 문자로 받았다. 어려운 일을 해냈다며 진심 어린 축하와 부러움도 전해 왔다. 아버님을 기억하는 친구, 지인들은 그 시절 추억을 언급하며 감회어린 목소리로 축하 인사를 건네 왔다. 어느 정도 예상했기에 그에 상응하는 감사로 화답했다. 그런데 책을 받았을 시점이 한참이나 지났음에도 의당 축하 인사가 있으리라 기대했던 이의 연락이 없음에 내심 궁금하기도 했고 의문스럽기도 했다.

'왜 아무런 연락이 없지? 아직 책을 받지 못했나? 책이 배달되었을 시점은 이미 지났고 등기로 보냈으니 전달되지 못했다면 반송이라도 됐을 텐데…' 하는 의구심을 가진 지 한참 더 지나도 끝내 반응이 없었다. 나와 그렇게 무관한 사이가 아니기에 웬일인가 하는 마음만 깊어져 갔다.

책을 보낸 지 한 달여, 끝내 아무런 반응이 없어 아내에게 말했다. "이상하네. 책을 보냈는데 왜 아무런 연락이 없지? 책을 받았다면 전화하지 않을 리가 없는데 혹시 많이 아픈가?" 했더니 아내가 전혀 예상치 못한 말을 했다. 책을 보낸 당신 마음과 달리 책 받은 사람의 입장은 다를 수 있을 거라 했다. 무슨 말이냐 하니 내 등단 소식에 부러움이 앞섰거나 글에 묘사된 배경과 환경에 차이가 있어 그럴 수도 있다는 것이다. 그런 아내의 말에 '설마, 그럴 리가?' 했다. 기쁨은 나눌수록 커진다고 했다. 등단 소식을 나의 깜짝 선물이라 생각하고 책을 보낸 것이지 글솜씨나 글에 묘사된 배경을 과시하려는 의도는 추호도 없었다. 그런데 글에 묘사된 배경과 환경에 차이가 있음이 축하의 마음을 덮어 버린다고? 그 후 늦은 축하가 있긴 했으나 끝내 반응이 없는 이도 있었다. 그렇다고 왜냐고 물을 수도 없는 일이다. 시간이 흘러감에 그에 대한 의구심과 기대감이 사그라들 무렵 선생님께 이런 정황을 말씀드렸다. 선생님은 있을 수 있는 일이라며 본인의 경험담을 얘기하셨다. 받는 분의 이름 아래 감사의 마음을 정성스레 적어 보낸 책을 헌책방에서 발견하거나 힘든 산고 끝에 세상에 나온 분신과도 같은 책이 분리수거 날 함부로 나뒹구는 모습, 상당 기간이 지났음에도 첫 장도 열어보지 않은 무심함 등으로 마음에 상처를 입기도 했다고 했다. 덧붙여 책을 보내는 것은 자칫 아기를 낳지 못하는 집에 돌떡을 돌리는 격이 될 수 있으니 그리 이해하고 마음에 오래 담아두지 말라 하셨다. 듣고 보니 과연 그랬다.

그 시절, 아버님처럼 일본 유학을 다녀온 분이 몇이며, 구순이 지난 노인의 골프 나들이에 선뜻 합류해주는 동료를 가진 경우가 그리 흔치는 않으리라. 또 글공부에 목마름이 있었으나 이끌어주는 선생님을 만나지 못해 등단의 기회를 놓친 경우라면 내 등단 소식이 본인의 아픔을 건드렸을 수도 있겠다는 생각이 들었다. 나만의 기준으로 축하 인사를 기다렸던 짧은 생각과 그에 대한 배려가 부족했음에 되레 내가 미안해야 했다. 이들을 두 번째 선생님으로 마음에 새긴다. 수필의 길로 이끌어주시고 수필이란 타인과 공유할 수 있는 철학으로 써야 한다는 수필의 요체를 일깨워 주신 S 선생님이 첫 번째 선생님이라면, 타인에 대한 배려와 공감이 부족했음을 일깨워 준 이들은 두 번째 선생님이다. 다소 늦은 출발에 채워야 할 여백 또한 많다. 끝 모를 긴 여정에 이제 겨우 첫걸음을 뗀 것이다. 빈 곳이 많은 양식의 창고를 채우고 타인의 입장을 헤아릴 줄 아는 지혜로움을 쌓아가는 노력을 소홀히 할 수 없다. 등단 후 잠깐 섭섭했던 마음을 다독이며 다시 컴퓨터 앞에 앉는다.

새내기 작가에게 무슨 이런 일이

 올린 글의 조회 수가 20만이 넘었다. '아니, 무슨 이런 일이 다 있나.' 브런치 작가가 된 게 불과 보름 전이다. 폭넓은 지식과 빼어난 문장으로 많은 구독자를 보유한 유명작가도 아닌데 말이다. 다시 읽어봐도 그런 조회 수를 기록할 만큼의 화제성이 있거나 문장이 빼어난 것도 아니다. 근무 현장에서 보고 듣고 겪는 사례 중의 하나로 점차 사라져 가는 이웃과 '정'을 나눈 훈훈한 사례이기에 소개하고자 올린 글이었다. 조회 수 23만의 무게가 어떤 것인지, 게시글의 평균 조회 건수가 어느 정도인지도 알지 모른다. 신인 작가에 대한 격려인지, 또 그런 배려가 있음도 알지 못한다. 23만이란 어마어마한 조회 수에 그저 놀라고 어리둥절할 따름이다.
 브런치를 처음 들은 것은 일 년 전이다. 내 글이 전문성이 있거나 트랜디하고 화제성이 있는 것도 아니기에 MZ 작가와 독자가 주류인 브런치 글로 적합할까 싶었다. 그러다 얼마 전, 아들의 권유에 따라 작가 신청을 해본 것이었다. 신청 3일 후, 작가승인 문자를 받았다. 브런치 작가가 된 기념으로 몇 편의 글을 올렸고 지금까지 올린 글이 스무 편 가량이다. 23만 조회 수를 기록하기 얼마 전에 올린 글이 4만의 조회 수를 기록하였다. 내심 매우 놀랐으나 국민 70%가 공동주택에 사는 현실에서 한 번쯤 경험했을 층간소음에 관한 글이었다. 메인 창에 소개되어 주목을 받은 모양이라 생각했다. 다음으로 일터에서 겪은 일을 소개한 글이 어느 순간 '좋아요' 수가 쉴 새 없이 늘어나고, 조회 수가 순식간에 만에서 이만, 삼만으로 순식간에 넘어감에 브런치 작가인 문우에게 물었다. 이게 대체 무슨 일이냐고….

회원 수가 14만인 온라인 카페에 올린 글 중 가장 많았던 조회 수를 기록한 게 2천5백이었다. 조회 수가 5만이 넘자 '시스템에 무슨 오류가 발생한 게 아닌가?' 하는 생각도 들었다. 브런치에서 가능한 일이며 더 올라갈 테니 지켜보라는 지인의 얘기를 들었을 때 8만을 넘어섰다. 10만이 넘을 때 신인 직가의 글을 지원하고 격려하는 메커니즘에 대한 설명을 듣고 나서야 이해할 수 있었다. 새삼 그 위력의 대단함에 놀라며 또 조회 수가 얼마까지 오를지 궁금하기도 했다.

그동안 몇 편의 글을 문예지에 실었고, 예정된 연재를 위해 막바지 작업 중이나 이런 반응은 언감생심이요, 상상조차 할 수 없는 일이다. 작가의 입장으론 그야말로 엄청난 동기부여이자 커다란 선물이 아닐 수 없다. 올린 글을 다시 읽었다. 그동안 올린 글의 '좋아요'와 조회 수를 합친 것보다 훨씬 더 많은 조회 수와 '좋아요'를 받는 이유와 그 요체가 무엇인지 찾아보려 함이었다. 이거다 할만한 게 보이지 않았다. 무엇 때문에 그 많은 조회 수와 '좋아요'를 받은 것인지 내가 쓴 글임에도 선뜻 눈에 들어오지 않았다. 글을 쓰게 된 동기부터 더듬어 보다 혹시 이것 때문인가 하는 게 하나 있었다. 그랬다. '좋아요'를 한 이유로 짐작 가는 것은 특별한 것도 아니었다. 이웃과 정을 나누려 한 새댁의 마음에 대한 공감이었다. 지금보다 훨씬 어려웠던 예전에도 우리는 이웃과 정을 나누며 살았던 게 우리 풍속이었다. 새댁의 마음과 행동에서 잊고 있던 그 모습을 떠올렸기 때문이었다. '그래 맞아, 그땐 그렇게 살았어.' 새댁 같은 마음은 내게도 있으나 아직 그럴만한 기회가 없었고, 이웃 또한 나에게 그렇게 다가온 적도 없었을 따름이다. 또, 사생활이 존중되고 개인정보가 엄중히 취급되고 있는 시대에 비록 선의라 하더라도 이웃과의 정을 나누는 일이 조심스러워진 세상이 아닌가.

　점차 사라지고 잊혀져 가고 있으나 아직 우리 마음속 깊은 곳에 남아있는 정을 나누려 이사 떡 접시를 들고 두 번 세 번 이웃의 문을 두드린 새댁의 따뜻한 마음과 행동에 대한 공감과 격려였다. 더구나, 아직 우리 가슴속에 그런 정이 살아있음을 일깨워 준 주인공이 갓난아기 엄마인 MZ 새댁이기에 격려와 성원의 마음이 더 컸을 것이다. 예전에 당연시한 일이 특별한 일이 되어 버린 요즘이다. 우리의 일상에서 이웃과 정을 나누며 사는 일이 점점 보기 힘든 세상으로 변해간다. 새댁의 이야기에 '좋아요'를 누르며 공감하는 것은 아직 그런 마음이 나에게도 남아있음의 표현이리라. 그런 이들이 이렇게 많음을 확인할 수 있어 글을 올린 입장에서도 흐뭇한 일이다.

그래, 그런 글을 쓰도록 하자. 누구보다 글을 잘 쓸 수 있는 능력도 역량도 욕심도 없다. 지식의 정도, 필력에서도 감히 범접할 수 없는 뛰어난 작가가 어디 한둘이랴. 그들을 좇으려 하지 말고 일상에서 마주치는 새댁 같은 사람들의 이야기를 찾아내고 쓰기로 하자. 나 또한 그들과 별반 다름없는 삶을 살며 같은 시대에 살고 있기에 그들만의 이야기가 아닌 우리들의 이야기가 아닌가.

우리 것이 가장 세계적인 것이라 했다. 우리만의 표현이며 우리 민족에게만 있는 정서가 '정'(情), '한'(恨), '효'(孝)'라 한다. 오천 년을 이어 온 우리 민족에겐 이런 '정'이 있었다. 그런 조상을 둔 후손으로 우리 부모님이 그러했듯 따스한 마음으로 이웃과 '정'을 나누는 우리들의 이야기를 쓰기로 하자. 23만의 독자 또한 새댁과 같은 마음이기에 공감의 뜻으로 '좋아요'를 했을 것이다. 사라져 가는 우리의 정서를 일깨워 주고 그런 마음으로 이웃과 정을 나누려 한 젊은 새댁이 고마울 따름이다.

천사를 만나다

이건 정말 너무한 교통체증이다. 수년 전 서울살이를 정리하고 귀촌한 친구네 방문과 근무지 행사와 관련하여 다녀간 그때를 기억하고 집을 나선 지 두 시간 반이 지났다. 이미 도착했어야 할 시간에 겨우 팔당대교 남단 진입로 언저리에 있다. 평소 예까지 이삼십 분이면 족한 거리였다. 지난 3년간 외출 자제와 마스크 착용에 따른 억눌린 욕구가 한꺼번에 분출된 탓일까. 방역 정책 완화 후 처음으로 맞이한 사흘 황금연휴에 서울을 벗어나려는 차량 행렬에 끼어 꼼짝 못하고 있다.

올해 한국수필문학상 수상자인 선생님 덕분으로 생각보다 이른 등단을 하였다. 등단을 계기로 더 정진하라는 의미로 선생님의 수필 수업을 동문수학한 문우들이 나를 위해 마련한 축하연에 가는 길이다. 조금 있으면 예비모임이 끝나고 본행사가 시작되는 시간이다. 도로가 뻥 뚫려 날아가듯 해야

본 행사 중반에나 얼굴을 내밀 수 있겠으나 도무지 정체가 풀릴 기미가 없다. 차량의 흐름과는 반대로 시간은 왜 그리 잘 가는지…. 행사 일정표에 적힌 시간을 몇 차례나 확인하는 동안 이마에 진땀이 등에 식은땀이 흘러내린다. 차량 사이를 요리조리 빠져나가는 오토바이가 그리 부러울 수 없다. 얼굴의 땀을 휴지로 닦으며 하늘을 쳐다본다. '하늘이시여, 왜 하필 오늘 이러십니까? 오늘은 결코 늦어서는 안 되는 날임을 잘 아시지 않습니까. 제발 무슨 방도를 찾아 주소서.' 마음속으로 수없이 빌고 또 빌며 내 간절한 기도가 하늘에 닿길 바랄 뿐이었다. 애절한 심정으로 하늘을 바라보나 청명한 하늘에 몇 조각구름만 유유히 흐를 뿐 도무지 내 기도를 들어줄 기미가 없다. 하지만 어쩌랴. 지금, 이 상황에서 빠져나갈 방도는 이 방법밖에 없기에 또 빌어볼 수밖에….

 '하늘이시여, 정말 이건 너무하신 것 아닙니까. 단지 저와 문예대학에서 만나 글공부를 함께 했다는 그 작은 인연 하나로 이 황금 같은 연휴에 나들이를 마다하고 오시는 분들과 만남인데 어찌 이런 곤경에 빠지게 하시는지요. 저보다 먼저 오셔서 기다리고 계실 그분들의 얼굴을 대체 무슨 낯으로 대할 수 있겠습니까? 이 말도 안 되는 상황에서 벗어날 수 있게 도와주신다면 뭐든 다 할 테니 부디 이 간절한

기도를 들어주소서.'

끊임없는 나의 보챔이 성가셨거나 내 기도에 답하실 차례가 되어서인지 꼼짝하지 않던 차량이 서서히 움직이기 시작했다. 마침내 다리 위에 올랐다. 무엇 때문인지 살펴볼 겨를도 없다. 건너편 강변로에 내려서자마자 분풀이하듯 냅다 밟았다. 양평에 도착하기까지 심한 교통체증도 없었다. '그래, 이게 정상이지.' 하는 생각을 하며 달리기를 또 얼마 후 마침내 선생님의 집필 공간인 문호리 금동산방(金東山房)에 도착했다. 집에서 출발한 지, 네 시간 반, 본 행사 시간보다 두 시간이나 늦게 도착했으니 대체 무슨 낯으로 뵈어야 하나. 안으로 들어서며 기다리고 계신 분들의 얼굴을 차마 마주보지 못하고 "늦어서 죄송합니다."라는 말을 하며 허리를 한껏 숙였다.

한 분도 이탈 없이 기다리고 계신 여덟 분의 문우와 '참 좋은 문학회' 선배님 모두가 "오시느라 고생하셨다, 얼마나 속이 타셨냐, 마음이 조급해서 어떡하셨느냐, 화장실부터 다녀오시라."며 따뜻한 위로의 말로 맞이해 주신다. 냉랭한 눈빛과 차디찬 미소를 염려했던 것은 기우였다. 나의 무례가 본의가 아님을 안다는 듯 따스한 미소와 넉넉한 마음으로 품어주신 것이다. 지정 좌석에 앉아 마음을 잠시 가라앉힌 다음 기다려주신 분들의 면면을 조심스레 살폈다. 세 시간이 넘는 기다림에 지쳤거나 지루한 기색 하나 없이 모두가 평화로운 얼굴이었다. 예정대로라면 행사가 끝나야 하는 시간에 행사의 주인공이 나타났으니 앞으로도 최소 한두 시간이 더 지나야 귀가할 수 있다. 나와 무슨 특별한 인연이 있거나 내가 무슨 유명인사도 아니지 않은가. 꼭 오고 싶어 오신 경우도 아니건만 한두 시간을 더 있어야 하니 짜증이 날 만도 할 것이다. 행사의 주인공이 행사가 끝날 시간에 얼굴을 내밀었으니 원망과 불편한 마음이 왜 아니 없을까. 그런데도 한 분 한 분의 표정은 더없이 평온하고 눈빛과 표정에 감춘 것이 있거나, 불편한 기색도 없다. 눈이 마주치면 차 속에 갇힌 상황에서 얼마나 조바심을 내었냐며 되려 위로하는 눈빛을 보낼 뿐 왜 이리 늦었냐고 책망하는 기색은 눈곱만큼도 찾아볼 수 없다.

여덟 분의 눈빛과 표정을 살펴본 후 내 입에선 "이런 천사 같은 분들이 있나?" 하는 말이 저절로 나왔다. 그랬다. 이 여덟 분은 천사였다. 비록 어깨에 달린 날개는 없었으나 나를 바라보는 그 눈빛과 표정이 그랬다. 이 여덟 천사가 기다리고 있었음에 하늘도 내 간절한 기도에 그리 느긋했던 모양이다. "네가 오늘은 그리 조바심 내거나 안달하지 않아도 되느니라." 원망스러웠던 마음은 어느새 봄눈 녹듯 사라졌다. 평생의 흉이요, 허물이 되고 남을 일에 천사 같은 마음을 가진 여덟 분을 만나게 해주신 깊은 뜻에 그저 머리를 조아릴 뿐이다.

  그날 기다려주신 선생님을 비롯한 여덟 분의 문우와 문단 선배님은 분명 글쓰기와 수필을 사랑하며, 글쓰기와 수필을 사랑하는 사람을 사랑하는 분들이었다. 훗날 내가 주인공으로 두 번째 축하연을 하게 된다면 이 여덟 분을 꼭 다시 모셔 그날 양평에서 미처 하지 못한 감사의 인사와 다짐을 꼭 전하고 싶다. '그때 양평에서 보여주신 그 따스한 마음과 미소 덕분에 지금까지 글을 쓸 수 있었고, 그 마음과 미소 같은 따뜻한 글을 쓰기 위해 더욱 정진하겠노라고.'

곰칫국 한 그릇

　전 ○○ 본인 상 알림
　전 ○○ 씨께서 오늘 새벽 ○시 ○○분 별세하셨음을 알려드립니다. 생전에 고인의 뜻을 받들어 가족들께서 조위금은 사양하십니다.

　얼마 전 받은 부고 내용이다. 2년여 투병 끝에 팔순의 나이로 운명하신 고인은 전 직장의 상사이셨던 분이다. 자그마한 체구에 자상한 성품으로 부하 직원에게 늘 따뜻하게 대해주셨으나, 원칙주의자로 회사 규정에 위반되는 일에는 양보함이 없는 강직한 성품이셨다. 직장에서 이십 년을 함께 했던 분이기에 코로나 시국임에도 문상을 다녀오기로 하고 병원으로 향했다.
　전 직장에서 가까이 지냈고 퇴직 후에도 만남을 유지하고 있는 동갑내기 여덟 명의 모임이 있다. 재직 시에는 거의 매일 만났고, 때로는 가족 동반으로 서로의 집을 왕래하며 지냈기에 형제나 다름없던 동료들이었다. 모임 명칭을 따로 두지 않았으나 퇴직 후에는 처음 만났을 때와 같은 마음으로 소중한 인연을 오래 이어 가자는 의미로 '처처회(처음처럼의 줄임)'로 정하고 격월로 모임을 했으나 코로나 이후로 뜸한 상태였다.

두 달여 전이다. 회장이 "어디 곰칫국 잘하는 식당 아는 데가 없느냐."라며 전화로 물었다. 회장은 고인과 한동네에 살며 서로 왕래하며 부부 동반으로 국내뿐만 아니라 해외여행도 함께 다녀올 만큼 가깝게 지내는 사이였다. 투병 중인 고인이 곰칫국을 먹고 싶어 하는데 주변에 없고 또 달리 아는 데가 없다고 했다.

"갑자기 곰칫국을 찾으신다고?" 동향 선배이기도 한 고인과 나는 소위 갯가 출신이다. 어릴 적 어머니가 시장에 가실 때 늘 따라다녔다. 좌판에 널려있는 다양한 생선을 구경하며 또 즐겨 먹고 자랐기에 뜨겁고 시원한 그 맛을 잘 안다. 식구들의 입맛을 잘 아는 어머니의 정성이 더해진 곰칫국이야말로 어린 내 입에도 맛있는 음식이었다. 어쩌면 고인도 마지막일지도 모른다는 생각에 어머니 손맛이 담겨있던 곰칫국이 생각난 것인지 아니면 어머니에 대한 그리움이 곰칫국을 먹고 싶은 욕구로 나타난 것은 아닐까 싶었다. 수년 전

여덟 명이 함께 강원도로 여행 갔을 때 속초에서 곰칫국을 맛있게 먹었던 기억이 생각났다. "곰칫국이면 속초 소방서 뒤쪽에 있는 식당인데 거기까지 모시고 갈 만한 사정이 되겠느냐."라고 되물었다. 고인이 장거리를 이동할 만한 상태가 아니라며 우리 집 근처에 있을까 해서 전화한 것이라 했다. 수산물도매시장이 가까이 있으니 한 번 알아보마고 했다. 그 주말, 수산시장을 한 바퀴 돌아 곰칫국 메뉴가 있는 식당 두 곳을 찾았다. 전화번호가 기재된 식당 간판 사진을 휴대폰으로 보내며, 혹 주말에 오게 되면 내가 대접할 테니 꼭 연락하라고 했다. 그 후 아무런 연락이 없다가 부고를 받은 것이다. 결국, 곰칫국 한 그릇 대접하지 못하고 고인을 여읜 것이다. 와병 중일 때 한 번 찾아뵙지 못했음을 자책하였다.

  영정 사진 속의 고인은 미소 띤 모습으로 문상객을 맞이하고 계셨다. 예전의 자상했던 모습 그대로였다. 문상하러 온 지인, 동료, 후배들에게 "자네 왔는가, 와줘서 고맙네. 미안하지만 나 먼저 가네. 자넨 잘 지내다 천천히 오시게." 하는 듯했다. 잠시 고인과 함께했던 추억을 떠올리며 말없이 영정 사진을 바라본 후, 영면을 기원하며 두 번의 절로 작별 인사를 드렸다. 좋은 상사였고 인생 선배인 한 분이 또 떠나가신다. 문상하러 온 고인과 동년배 직장 선배들의 마음은 더욱 헛헛할 것이다. 이제 내 차례도 얼마 남지 않았구나 하는 마음이었으리라.

고인의 뜻에 따라 부의금 접수처가 따로 없었다. 상주와 맞절 후 고인과의 인연을 잠시 언급하며 와병 중일 때 한 번 찾아뵙지 못했고, 또 좋아하신 곰칫국 한 그릇 대접하지 못한 아쉬움이 크다며 미안함을 전했다. 가져간 봉투를 달리 생각 마시고 대접하지 못한 곰칫국 한 그릇 값으로 받아주시라 하며 상주의 주머니에 밀어 넣었다. 마지막 가시는 길 잘 모셔달라는 말로 상주와 작별하고 문상하러 온 동료, 선배들과 짧은 인사를 나눈 뒤 병원을 나섰다.

집으로 돌아오는 내내 많은 생각이 머릿속에 맴돌았다. 난 떠날 준비가 되어있는지, 또 내게 허용된 시간은 얼마나 남았을까 하는 생각이었다. 동료 대부분은 자녀를 출가시킨 후 부부만의 노후 생활을 하거나 손주를 돌봐주는 일로 소일한다. 그들은 부모로서 최소한의 의무를 다한 셈이나, 내 경우는 아직이다. 그런 동년배들을 보면 부러운 생각이 드나 그들은 아직 일하고 있는 내가 부럽다고 한다. "할 수 있을 때까지 하고 나와. 나오면 심심하고 일 년 365일 쉰다는 게 쉬운 일이 아니야."라는 그들의 말이 때론 위안이 되기도 한다. 여유로운 노후를 즐기기 전 가장의 의무를 다해야 하고,

결혼을 미루고 있는 아들도 자신만의 가정을 이루게 해야 한다. 이웃의 장인, 장모님 두 분 다 구순을 넘으셨고 그 외에도 크고 작은 일이 널려져 있다. 그 일을 추스르지 못한 채 그날을 맞이한다면 하는 생각에 가슴이 답답해진다.

 운전석 창을 내리고 담배 한 개비를 꺼내 문다. 열린 창으로 빨려 들어오는 한겨울의 찬바람이 매섭다. 불현듯 고인이 드시고 싶다던 곰칫국이 생각났다. 그래, 이번 주말 고인과 하지 못한 곰칫국 한 그릇을 절친들과 하기로 하자. 오랜 직장생활에서 고인과 크고 작은 인연은 다 있지 않은가. 곰칫국 한 그릇에 고인과의 추억을 소환하여 고인의 송별식으로 갈음하자. 가운데 한 자리는 고인의 자리로 비워두고…. 비록 함께하진 못해도 그 마음을 아실 것이기에 위에서 내려다보며 빙긋 미소 지어주실 것이다. 차장 너머 잿빛 하늘로 담배 연기를 길게 내뿜는다.

단골 이야기

　추적추적 아침부터 내리는 비가 그칠 줄 모른다. "소장님, 점심 먹고 하시죠."라는 말에 고개를 들어보니 시곗바늘은 어느새 한 몸이 되어있다. 하던 일을 멈추고 사무실을 나선다. "오늘은 어디로 갈까요?" 경리 이 대리가 묻는다. 비도 오고 하니 가까운 데 가자는 과장의 제안에 따라 단지 내 상가의 식당으로 발걸음을 옮긴다. 낮에는 직장인, 저녁에는 삼겹살에 소주 한 잔을 즐기는 애주가들이 자주 찾는 식당이다. 주변보다 음식값이 천 원 정도 저렴하여 특별히 가고 싶은 곳이 없거나, 날씨가 궂을 때면 주로 이용하는 곳이다. 부임하던 해부터 그렇게 이용해 왔으니 비록 만 원 이하의 점심 손님이긴 해도 나름 단골손님이다. 예전 우리 조상은 집안에 환자나 재앙이 생기면 무당을 불러 굿을 하거나 제사를 지냈다. 굿을 할 때마다 늘 정해 놓고 불렀던 무당을 단골(또는 당골)이라 했다. 지금은 늘 정해 놓고 거래하는 곳이나 손님을 말한다는 건 누구나 알 것이다.

　평일의 단골로는 대부분 걸어서 10분 이내의 식당이다. 매일 점심을 사 먹어야 하기에 사무실 주변의 식당을 번갈아 다닌 지 8년이다. 일주일에 한 번을 기준으로 해도 1년이면 쉰다섯 번이요, 8년이면 사백사십 번이니 나름 그 식당의 단골이라 해도 과하지 않으리라. 마음에 점을 찍는 게 점심이라 했다. 일 년 365일 점을 찍다 보면 대붓 크기의 점을 찍는 때도 있으나, 대부분 연필이나 볼펜 심 크기의 점을 찍는다. 코로나, 우크라이나전쟁 탓으로 물가가 예전보다 많이 올라 가장 저렴한 된장찌개, 김치찌개도 만 원에 가깝다. "월급만 빼고 모든 게 다 올랐다."라는 직장인들의 자조적인 푸념이 비단 어제, 오늘만은 아니기에 식사 메뉴를 정할 때 가격을 고려하지 않을 수 없다. 그나마 먹을 만한 메뉴를 갖춘 식당이 가까이 있음을 위안으로 삼는다.

　주말은 평일보다 여유롭다. 토요일 아침 목욕탕에 가는 것이 첫 번째 일과다. 십 년 넘게 지속해 온 나만의 건강관리법이다. 이른 아침 커피 물이 끓는 동안 신문을 들고 와 머리기사, 주요 기사를 눈으로 훑는다. 그사이 끓은 물을 미리 준비한 커피잔에 붓고 코냑이나 위스키 한 방울 대신 인삼주 두세 방울을 떨어트린다. 인삼 특유의 향이 잡내를 없애

주고 커피 향과 어우러진 나만의 레시피로 커피를 즐긴다. "천 번의 키스보다도 달콤하고, 머스캣 포도보다 더 부드러워 끊을 수 없다."라는 '바흐'나 '몽테뉴', '나폴레옹' 같은 커피 애호가나 지극히 커피를 사랑하는 사람의 관점에선 절대 권장하지 않을 나만의 음용법이다. 달달한 커피 한 잔을 즐긴 다음 목욕탕으로 향한다. 스트레칭 위주로 한 시간 반 전후의 운동 겸 목욕을 마치면 이웃에 있는 카센터에 들린다. 반갑게 맞는 김 사장에게 자동차 열쇠를 건네고 2층 사무실에 올라가 뜨거운 차 한 잔과 함께 다른 조간신문을 펼친다. 십수 년 전 대로변 주유소 건물에 있는 차량 정비소에서 처음 만난 김 사장이다. 주유 때문이기도 하나 가벼운 차량 정비를 위해 이용하다 그를 알게 되었다. 싹싹한 성품에 손재주도 있어 갈 때마다 그를 찾았고, 이곳에 가게를 차린 후부터 지금까지 10년 넘게 차량 정비를 맡기고 있다. 늦가을에 양평으로 이사한다는 말에 아쉬운 생각이 든다.

 주말 아침은 나가서 먹기로 하였다. 이웃에 사시는 구순 넘은 진정부모님 수발로 하루에도 몇 차례 들락거리는 아내에게 주말 아침의 수고를 덜어 주고 싶었다. 아내와 함께 도로변에 있는 콩나물해장국 식당으로 간다. 이 식당에 출입한 지도 꽤 오래되었다. 얼마 전까지 오천 원을 유지하다 물가

인상에 따라 천 원을 올려 받고 있다. 그래도 이 가격에 40년 전통의 맛이 담긴 해장국 한 그릇을 먹을 수 있는 곳이 흔치 않아서인지 가격 인상에도 주말 오전 내내 빈자리가 없다. 뜨거운 국물과 아삭한 식감의 콩나물 해장국으로 속을 채운 다음 다른 일정이 없으면 식후의 커피 한 잔과 눈요기도 할 겸 10분 거리에 있는 K 화원에 들른다.

K 화원을 알게 된 것은 15년쯤 전이다. 아버님을 파주 공원묘지로 모신 후였다. 산소 주변을 가꾸는데 필요한 모종과 묘목, 화초를 구하려 화원을 찾아다니다 알게 되었다. 그 후 산소 조경, 카페 행사, 근무지 화단 가꾸기 사업과 지인들의 경조사 등 이런저런 일에 필요한 꽃다발, 꽃바구니, 조화, 화초 등의 주문을 소개해 주었다. 3년 전, 동해(凍害) 방지를 위해 켜놓은 난로가 과열되어 화원의 절반이 소실되었다. 그런 줄 모르고 아내와 함께 들른 주말, 비닐하우스 천장 대신 파란 겨울 하늘이 보였다. 큰일 날 뻔했다며 다친 사람은 없는지 물었다. 본인은 불 끄느라 조금 데인 정도이나 아들이 얼굴과 손에 화상을 입어 화상 전문 병원에 입원해 있다고 말하는 여주인의 얼굴에 낙담과 수심이 가득하였다. 급히 집으로 돌아와 냄비며 밥공기 등의 식기와 라면, 생수를 차에 실어 테이크 아웃 커피 두 잔과 함께 건네며 힘내시라 위로했

다. 아들뻘인 배달 담당 김 군에겐 겉옷 몇 벌과 여분의 운동화를 건넸다. 그 후로도 몇 차례 더 방문하며 더딘 피해 복구 상황을 살펴보며 보험 처리에 대해 아는 대로 알려주었다.

이후 내 소개로 주문한 꽃과 화환을 넘겨받은 사람들은 모두가 놀란다. "한 번도 주문해 보지 않은 사람은 있어도 한 번만 주문한 사람은 없다."라는 말처럼 그들 모두 K 화원의 단골이 되었다.

누구에게나 단골이 있다. 내 필요에 따라 이용하는 단골이며, 나 역시 그들의 단골이다. 그들에게 도움이 되고 나 또한 그들의 챙김을 받는 것처럼 서로 돕고 의지하며 더불어 살아가야 함이 세상사 이치가 아닐까 싶다. 매일 아침 출근하여 일과를 마치고 퇴근하는 일상이 어느덧 50년이다. 가정을 꾸린 지도 40년이다. 그 오랜 세월 매일 같은 장소에서 눈을 뜨고 잠자리에 들며 매일 얼굴을 마주하는 사람이면 이들이야말로 가히 최고의 단골이요, 내 평생 단골, 왕 단골이다. 시간의 흐름에 따라 내 모습은 변해도 내 지친 몸과 마음을 위로받을 수 있으며 언제나 내 편이 되어주는 이들이 있는 곳이다. 세상에 이런 단골이 또 있을까? 퇴근 후 집에 도착하여 현관문을 들어서며 나지막이 읊조려 본다. "이

집과 이 집식구들의 평생 단골, 왕 단골이 오늘도 잘 다녀왔습니다."

오늘 하루는 내가 일등이다

'까똑', '까똑'. 하루에도 여러 차례 시도 때도 없이 울린다. 비밀번호를 알려주거나 열쇠를 복사해준 적도 없건만 제 맘대로 드나든다. 등단을 계기로 문학회, 문인협회에 가입한 후, 전보다 훨씬 더 출입이 잦다.

문명의 발전에 따라 우리 생활양식을 크게 변모시킨 대표적인 발명품으로 자동차, 컴퓨터 다음으로 휴대폰이라는 주장에 수긍이 간다. 어릴 적 수리조합장이셨던 아버님 덕분에 집에 전화가 있었다. 몸체에 붙어 있는 손잡이를 대여섯 차례 돌려 교환원이 나오면 상대의 전화번호를 말하고 교환원이 연결해 주는 수동식 전화였다. 당시 전화가 있는 집이 드물었기에 집에 전화가 있다는 것은 은근한 자랑거리였다. 그 후 전화 보급이 전국적으로 확대되었으나 시골은 마을 이장 댁이나 부잣집에만 있어 간혹 급한 연락이 필요할 때면 그 댁의 전화를 이용하던 시절이었다. 그때와 비교가 불가할 만큼 지금은 가히 통신 천국이다. 휴대전화 보급 후 집 전화 외 식구 수만큼 휴대폰이 있어 통신비가 가계 지출에서 차지하는 비중이 만만치 않다.

IT 산업, 통신 기술의 발전과 더불어 휴대전화 성능과 기능이 다양하게 개발되고 있다. 전화, 문자를 주고받고 저장된 내용과 기록을 찾아보는 기본적인 기능 등 유튜브, 카메라, 내비게이션, 메모, 검색 기능 등 일부만 사용하는 나에겐 내장된 것만 400여 개에 이른다는 휴대전화 기능의 대부분을 사용하지 않고 있다. 아니, 사용할 줄 모른다. 약정기간 2년이 끝나도록 한 번도 사용해보지 못한 기능이 태반이다. 휴대폰이 컴퓨터 기능을 일부 대체하기에 여러 면에서 유용하고 편리한 점도 있으나 단점도 있다. 마치 내비게이션 장착 후 길눈이 어두워지고 노래방이 생긴 후 노래 가사를 외우지 못하는 것처럼 휴대폰 사용 후 가끔 딸의 전화번호가 가물거린다.

각자 살아 온 경로가 다르듯 다양한 모임과 관계를 맺고 있다. 그런 사람들끼리의 다양한 단톡방이 개설되어 있다. 내 경우만 하더라도 가족 외 학연, 사회적 인연까지 합하면 인원의 많고 적음에 관계없이 스무 개 정도의 단톡방이 있다. 내가 원한 것도 있으나 아닌 것도 있다. 취미나 관심사에 따른 동호인 카페 외 학술, 문화, 교양 및 전문 분야 등의 카페, 밴드에 가입한 경우를 고려하면 최소한 열 개 전후의 단톡방에 가입되어 있을 것으로 짐작된다.

일 년 전, 자율적이고 능동적인 업무수행 체제로 전환하고자 관리소 직원을 대상으로 개설하여 운영 중인 단톡방에 열한 명의 경비원을 추가하였다. 일 년이 지난 지금 운영 성과 면에서 기대 이상이었다.

지난해 단지 내 도로보수 및 포장 공사가 있었다. 공사를 위해 주차금지 구역을 설치하였기에 차량 주차와 관련한 민원 처리를 최우선으로 하는 업무수행을 전 경비원에게 당부하였다. 공사 마감을 하루 앞둔 금요일, 토요일 차선 도색 작업과 관련하여 공사 현장 지원과 주차 민원 해소를 경비 반장에게 당부하고 이를 단톡방에 공지하였다.

다음 날인 토요일, 이른 아침부터 까똑 소리가 계속 울렸다. 지역 문인협회 가을 시화전이 있는 날이었다. 문인협회 관계자의 알림에 대한 회원들의 응답이었다. 또 경비원별 공사 진행 상황을 일리는 눈자와 사진 전송으로 알림이 끊이지 않았다. 소리 크기를 눈금 하나로 낮추었으나 귀에 쏙쏙 잘도 들렸다. 소리가 날 때마다 휴대전화를 열어본다. 별다른 이상 없이 잘 진행되고 있음을 확인하고 무음 처리했다.

열두 시쯤 확인한 알림이 49건이었다. 공사와 시화전이 끝나려면 시간이 많이 남았다. 오후에 같은 분량의 알림을 받는다면 오늘 하루 백 번의 '까똑' 소리를 듣게 된다. 수많은 팔로워나 팬을 보유한 인플루언서나 연예인도 아닌 내가 백 번의 알림 소리를 듣는다면 혹시 오늘 하루 '까똑' 소리를 가장 많이 듣는 사람은 내가 아닐까?

그렇다. 하루에 백 번을 알림 소리를 듣는 사람은 드물 것이다. 어쩌면 오늘은 내가 일등일지도 모른다는 생각을 하다 별것 아닌 일에 신경을 쓰는 내 모습이 우습기도 했다. 아니다. 그래도 이 나이에 하루 백 번의 알림을 받는 사람이 과연 몇이나 된다고…. 그래, 오늘 하루는 내가 일등이라고 생각하자. 알아주는 이 없고, 그들에겐 눈곱만큼의 관심도 없는 알림이지만 나에겐 기념비적인 날로 기억하자. 그리고 두 번째 백 번의 '까똑' 소리는 오롯이 내가 쓴 글로 인해 온종일 '까똑' 소리를 들어야 하는 그런 날이길 소망해본다.

액자 한 점

프랑스 속담에 친구와 포도주는 오래될수록 좋다고 했다. 나에겐 언제라도 꺼낼 수 있으나 아주 좋은 날을 위해 아껴 두고 있는 그런 포도주 같은 친구가 한 명 있다.

고향을 생각하면 고향 산천의 옛 모습과 함께 가장 먼저 떠오르는 친구가 바로 죽마고우 S다. 8년 전이었다. 전 직장 재직 시 절친했던 동갑내기 동향 출신의 H가 귀촌을 위해 땅을 매입했으니 바람도 쐴 겸 한번 내려오라고 했다. S가 정착한 곳과도 그리 멀지 않은 곳이기에 내려간 김에 얼굴도 볼 겸 내려가기로 했다.

내 고향은 대구와 울산 두 곳이다. 외가가 있는 대구에서 태어났으니 출생지 기준으로는 대구가 고향이나 그곳에서의 유년 시절 추억은 하나도 없다. 내 머릿속 가장 오래된 기억이 많은 친인척이 사는 울산에서 초등학교 입학식이며 중학교까지 그곳에서 마쳤기에 나에겐 울산이 고향 같은 곳이다.

SRT로 수서역에서 동대구역까지 두 시간이 채 걸리지 않았다. 오랜만의 기차여행이라 내려가는 동안 차창 너머의 파란 하늘과 초록빛 산야는 서울을 벗어났음을 실감할 수 있었고 여행이 선물하는 약간의 들뜬 기분과 해방감 그리고 덤으로 주어지는 막연한 기대감 등을 만끽하였다. 차창 밖 초록빛 산야는 예전과 다름없으나, 강과 하천 그리고 저수지 수위는 평상시보다 현격한 차이가 있어서 안타까웠다. 부디 북상 중인 장마전선이 하루빨리 애타는 농심을 위로해 주길 마음속으로 빌었다. 이런저런 상념과 잠깐 졸기도 하는 사이 동대구역에 도착해 마중 나온 H와 반가운 해후를 했다. 목적지로 이동 중 먼 길 온 김에 꼭 한번 보고 가라며 식당을 예약해놓고 기다린 퇴직 동료의 후의로 과분한 저녁 식사를 대접받고 잠깐의 여흥을 즐긴 후 밀양에서 하룻밤을 묵었다.
　다음 날 아침 가벼운 식사 후 목적지로 향했다. H가 매입한 땅은 경산, 청도, 영천의 중간지점쯤이었다. 퇴직 후 줄곧 산에 다닌 그는 자주 귀촌을 언급했었다. 몇 해 전 아내를 먼저 떠나보낸 후 노후 정착지로 매입한 것으로 3,000여 평에 달하였다. 서류상 답이라 하나 주변이 산으로 둘러싸인 곳이라 손 볼 데가 많아 보였다. '이 넓은 곳을 혼자 다 어쩌려고….' 하는 걱정이 부러움보다 앞섰다. 땅을 소개한 지인이 버섯 종균 배양 사업을 하기에 표고버섯 재배지로 땅의 절반을 사용한다고는 하나 그래도 넓어 보였다. 매입한 땅의 십 분의 일만 되어도 집 한 채와 자급자족에 충분한 텃밭을 가꾸며 얼마든지 귀촌 생활을 즐길 수 있으련만 벌여놓은 일도 정리해야 하는 시기에 일을 너무 크게 벌인 게 아닌가 하는 생각 때문이었다. 부디 무리하지 말고 몸 생각하며 쉬엄쉬엄해야 한다는 당부와 다짐을 받고 함께 S가 있는 곳으로 향했다.

초등학교 입학 전부터 막다른 골목길 이웃으로 살며 늘 함께 어울려 놀던 친구였다. 20여 년 전 서울 생활을 정리하고 고향과 가까운 이곳에 정착한 후 영업장 건물을 손수 지었다. 건물의 기초 골격만 전문업자의 손을 빌렸을 뿐 그 밖의 돌 하나, 나무 한 그루 한 그루를 손수 붙이고 또 심으며 3년에 걸쳐 완성하였다. 퇴직 후 H와 함께 잠시 다녀간 그 때도 S는 영업장에 대한 구상을 얘기하곤 했었다. 지난해 준공 소식을 전해 들은 후 어떻게 꾸몄는지 늘 궁금하였다.

S의 영업장은 경주, 울산의 경계 지역의 영남 알프스 자락 해발 700고지에 자리하고 있다. 사전 연락도 없이 불쑥 찾아가 반가움을 더하려 했기에 깜짝 놀라는 친구의 모습을 상상하며 영업장 문을 밀치고 들어서며 큰 소리로 이름을

불렀다. 잠시 자리를 비운 듯 대답이 없었고 대신 낯익은 액자 하나 눈에 들어왔다. 순간 반가움과 흐뭇함에 입가에 미소가 번졌다. 20여 년 전 청주 근무 시절 '다헌'이란 아호를 가진 서예가에게 부탁하여 받은 붓글씨를 액자로 만든 것이었다. 집안 항렬로 조카뻘이 되는 시인 이호우 님의 시를 옛체 글꼴로 쓴 것을 액자로 만든 것이었다. 시에는 문외한이나 시구에 담겨있는 정감과 읊조릴수록 남는 여운으로 거실과 방에 번갈아 걸었던 액자였다. 코흘리개 시절, 담장 하나를 사이에 두고 붙어살며 초등학교, 중학교를 같이 다녔고, 심심할 때면 서로의 집 대문간에서 이름을 부르며 같이 놀자고 불러내었던 S였다. 손수 영업장을 짓고 내부 장식마저 혼자 힘으로 다 이뤄낸 죽마고우에게 어울리는 선물이 뭐가 좋을까 생각하다 몇 가지 물품과 함께 거실 벽에서 떼어온 바로 그 액자였다.

　햇볕이 잘 들고 전망도 좋으며 너무 저층도 고층도 아니라 사람들이 선호하기에 다른 층보다 매매가격이 더 비싼 층을 소위 로열층이라 한다. 액자가 있는 곳이 바로 그런 로열층이었다. 영업장 문을 열면 정면으로 벽난로가 있고 그 위 벽면의 한가운데 걸려있으니 드나드는 모든 사람의 눈에 가장 먼저 띄는 곳이다. 출입문과도 가까우니 그야말로 초역

세권의 로열층이었다.

얼마나 반갑고 흐뭇했는지…. 잃어버린 소중한 물건을 되찾거나 소망했던 것을 선물로 받았을 때 이런 기분이었을까? 얼마든지 더 화려하고 값비싼 장식품으로 벽면을 장식할 수도 있었으나 소싯적 친구가 준 액자 하나를 영업장 최고의 자리에 걸어 둔 친구의 마음이 고맙고 흐뭇했다. 오랜 세월이 흘렀음에도 변치 않은 친구의 마음을 확인한 듯 그 액자가 그리 반가울 수 없었다.

머물렀던 하루, 밤새워 밀린 회포를 풀며 변함없는 우정을 확인하였다. 다음 날 아쉬운 작별을 할 때 그렇게 변함없는 친구로 잘 건사해준 S의 아내에게 가벼운 포옹으로 고마움을 전했다. 밤 열차에 몸을 싣고 집으로 오는 동안 몸은 다소 고단했으나 기분은 더없이 상쾌했다. 추억 속 고향 산천의 모습도 좋았으나 무엇보다 우정이 아직 건재함을 확인할 수 있었기에 더욱 그랬을 것이다.

수리파 원칙

 옛날 어느 왕이 세상의 모든 지혜를 모아 한 문장으로 압축하라는 명을 내렸다. 나라에서 가장 현명하다는 사람들이 모여서 최종 완성한 문장은 "세상에 공짜는 없다."라는 것이었다. 어떤 것을 얻거나 이루기 위해서는 이에 상응하는 시간, 노력, 비용 등의 대가가 반드시 따르는 것이라는 보편적 진리이다. 요행을 바라거나 사행심 등을 경계하고자 함으로 이해된다. 그러나 사람들은 요행을 바라기도 하며, 지름길이나 샛길을 찾기도 한다.
 초등학교 시절, 큰누님은 탁구 선수, 형님은 야구부원, 나는 배구 선수였다. 그런 환경 때문인지 운동을 좋아했고 순발력, 민첩성 등 운동 신경은 반 친구들에 비해 다소 나은 편에 속한다고 자부했다. 경험상 어떤 운동이라도 기본과 기초가 단단하지 않으면 일정 수준 이상의 실력으로 향상되지 않음을 알고 있다. 기본기를 바탕으로 하는 응용력 발휘가 어렵기 때문이다. 공부도 마찬가지다. 필요한 기초 공식을 익히고 많은 예·복습을 통하여 내 것으로 체득해야만 다음 단계의 문제를 풀어낼 수 있는 것이다. 배구 선수 시절, 하루 일정 시간을 체력훈련은 물론 기술 습득을 위해 얼마나 반복적인 훈련을 했는지 몸소 체험했음에도 알량한 운동 신경을 믿고 실패한 경우가 있다.

운전면허 취득과정이 그러했다. 비용도 아낄 겸 운동 신경이 있으니 그깟 운전면허 시험쯤이야 했다. 운전학원 등록 대신 이른 아침에 지나가는 택시를 잡고 기사님과 협상하여 네댓 차례 비공식 족집게 운전 과외를 받고 시험에 응시했으나, 두 번 연속 낙방 후 세 번째 도전 만에 합격했다. 운전면허 취득을 위한 전문가의 체계적인 교습을 외면한 채 실전에 능한 기사님에게 임기응변식의 운전 기술만 배웠으니 당연한 결과였다. 결국 시간도 돈도 들어갈 만큼 들고나서야 면허를 취득할 수 있었다. 운동 신경은 좀 아니라고 생각했던 아내는 운전학원에 등록하여 정식 교습받고 첫 번째 시험에서 덜컥 합격했기에 체면이 말이 아니었다. 매사에 기본과 기초가 중요함을 인식한 기회였음에도 거기에서 끝나지 않았다. 나이 50에 시작한 골프도 그랬다. 가까운 동료들은 골프를 시작한 지 오래되어 만날 때마다 골프 얘기였다.

그때는 드라이브, 아이언, 웨지 등의 용도조차 알지 못했고 생긴 모양이 비슷한 아이언이 왜 8개에서 10개가 있는지조차 몰랐다. 동료들은 물론 상사도 골프를 권했다. 운동 신경이 있어 하기만 하면 잘할 거라고….

어느 주말, 연습장에 가서 한 시간 정도 사람들의 스윙 동작을 유심히 지켜보았다. 특별히 눈에 띄는 어려운 동작은 없어 보였다. 혼자 한 번 해보자 하는 마음이 생겼다. 다음 주말 빌려 간 골프채로 연습장에 가서 공 한 상자를 구매하고 티박스에 올랐다. 몇 번의 헛스윙 끝에 공이 맞기 시작했다. 힘을 뺀 자연스러운 스윙과 회전력, 골프채 한가운데(스위트 스폿) 공을 맞혀야 함도 무시한 채 그저 힘으로 공을 때렸다. 세게 때리면 멀리 가는 줄 알았다. 그 당시 회자되었던 일만 시간의 법칙을 나름대로 골프 연습에 도입했다. 남들보다 늦게 시작했으니 더 많은 연습량으로 이를 극복해야 한다는 생각에 일만 시간의 연습 또는 십만 개의 공을 치겠다는 생각으로 손바닥이 얼얼하도록 티에 공이 올라오는 대로 때려냈다. 아직도 어깨에 힘이 들어가는 나쁜 습관은 그때 형성된 것이다. 그 후 몇 차례 원포인트 강습도 받아보았으나 시간과 비용 부담 및 간절함의 결핍 등으로 입문 20년 차인 지금도 나 혼자 즐거운 명랑 골프 수준이다.

기초에 충실해야 한다는 기본적 이치에 대해 크게 수긍한 바 있었다. 1970년대 전 산업계에 QC(Quality Control 품질관리) 운동의 열풍이 불었던 때였다. 제조업이 아닌 서비스업에서도 QC 운동이 필요함을 홍보하기 위해 초청한 강사님의 강의 내용이었다. 새로운 것을 습득하기 위해 수리파(守離破) 법칙에 따라야 한다는 것이었다. 지킬 수(守)는, 기본과 원칙의 철저한 습득 단계, 떠날 리(離)는 배운 것을 응용하는 단계, 깨트릴 파(破)는 응용의 단계를 넘어 독자적인 경지에 이르는 것, 즉 우리 기업에 맞는 모델을 창조해 내는 단계에 도달하는 것이라고 했다. 일본의 검성(劍聖)으로 추앙받는 미야모토 무사시(宮本武蔵)가 당대 최고의 검객이 되기까지의 수련 과정을 수리파의 단계로 구분 설명한 것이었다.

　기본에 충실해야 함은 글쓰기도 예외가 아니었다. 시와 수필에도 갖추어야 하는 형식과 격식이 있음에도 그동안 이러한 기본적인 것도 알지 못하고 또 글을 썼음에 부끄러웠다. 등단 전 문예대학의 수필수업과 몇몇 문우들과 함께하는 수필 공부는 나에겐 소중한 시간이며 기회이다. 더 많은 것을 체득하여 체화시켜야 한다. 더 많은 독서, 습작, 필사 등의 훈련으로 기본과 기초를 튼튼히 구축한 다음 떠날 리(離)의 습작단계로 넘어가야 할 것이다.

많은 고민 끝에 선택한 길이다. 그리고 이제 갓 출발하였다. 보다 기본에 충실하고 형식과 격식을 존중하며 몇 편의 글을 쓰더라도 이에 맞는 글을 써야겠다는 다짐해 본다. 비록 파(破)의 단계까지 멀고 험한 여정이라 하더라도 이왕 시작하였으니 끝까지 가 보리라 마음으로 다져본다.

돌 부스러기

　100여 년 전, 미국 동부 보스턴, 뉴욕과 같은 도시에서 출발하여 서부지역 샌프란시스코, LA까지 걸어서 횡단한 탐험가가 있었다. 후일, 장거리 고속버스 그레이하운드를 이용해도 한 달여가 걸린 거리를 걸어서 그것도 혼자서 미대륙을 횡단하겠다는 것은 사실상 불가능한 일이었고, 자연 속에 도사리고 있는 위험 요소 등을 생각하면 거의 자살행위나 다름없는 모험이었다. 탐험가가 출발하는 날, 그의 출발을 보도하는 많은 언론사와 간단한 인터뷰를 한 다음 탐험가는 얼마나 걸릴지 모르는 대륙횡단 여정을 시작하였다. 한두 달이 아닌 사계절을 맞이할 각오로 하고 출발한 후, 많은 위험과 곤경을 헤치고 드디어 일 년이 훌쩍 지난 어느 날, 목적지인 서부의 한 도시에 도착하였다.
　그가 도착하는 날 수많은 언론사의 취재 경쟁 속에 그의 대륙횡단 성공을 축하하는 기자회견이 열렸다. 수많은 플래

시 세례 속에 탐험가가 입장했고 기자회견이 시작되었다. 많은 질문 중 어느 기자가 탐험가에게 다음과 같이 물었다. "불가능할 거라는 그 험한 여정을 성공적으로 마친 것을 축하한다. 오늘에 이르기까지 횡단 도중 당신을 가장 힘들게 했던 것은 무엇이었나, 그리고 어떻게 극복해 내었는지 말해 달라." 일순간 회견장이 조용해졌다. 질문을 받은 탐험가는 눈을 감고 지나온 여정을 잠시 회상하는 듯했다. 그 사이 회견장에 참석한 많은 기자와 사람들은 수군거리며 자신의 추측을 말하기 시작했다.

"아마도 외로움일 거야. 아니야, 배고픔과 추위일 거야. 아니야, 험준한 로키산맥을 횡단할 때일 거야. 야생곰과 같은 야생동물의 공격을 받았을 때일 거야. 몸이 아플 때일 거야." 등의 온갖 추측과 억측이 난무하는 가운데 눈을 뜬 탐험가는 조용히 말했다. "그 길고 험한 여정 속에 저를 가장 괴롭히고 힘들게 했던 것은…" 회견장은 쥐 죽은 듯 조용해지며 자기가 추측한 것이 맞기를 기대하며 그의 다음 말을 기다렸다. "일 년 넘게 걸어오는 동안 겪은 많은 어려움 중에는 외로움도 배고픔도 추위도 있었고, 또 야생곰을 만나 두려움에 떨기도 했었지요. 그러나 무엇보다 저를 가장 힘들게 한 것은 지금도 신고 있는 이 신발 속에 들어있는 이 작은 돌

멩이 부스러기 하나였습니다." 하며 신고 있던 신발 한 짝을 벗어 신발 속에 들어있는 돌 부스러기 하나를 꺼내 보였다. 그것은 앞자리에 앉은 사람들조차 잘 볼 수 없는 아주 작은 것이었다. "이 보잘것없는 돌 부스러기 하나가 시도 때도 없이 신발 속으로 들어와 성가시게 하고 걷는 데 불편함을 주었습니다. 그것도 하루 이틀도 아닌 여기까지 오는 내내 털어내면 들어오고, 또 털어내면 어느새 또 들어오고…. 이 작고 하찮은 돌 부스러기 하나가 저에게는 배고픔이나 추위, 로키산맥에서 마주친 불곰보다 더 나를 괴롭히고 힘들게 했습니다." 탐험가의 말이 끝나자 한동안 정적이 흘렀다. 미국 역사상 최초로 걸어서 대륙횡단에 성공한 탐험가의 입에서 그 엄청난 위업에 걸맞은 위기 또는 난관을 극복한 무용담을 기대했던 것과 달리 너무나 뜻밖의 대답에 할 말을 잃어버린 것이었다.

이 이야기 속의 대륙횡단과 작은 돌조각을 우리의 삶에 비유해 보면 어떨까? 사람의 일생은 대륙횡단보다 훨씬 더 멀고 길며 또 험난한 여정이다. 탐험가가 겪은 외로움, 두려움, 배고픔, 육체적 고통 이상의 것과 타인과의 만남, 질병, 자연과 투쟁 등을 하며 살아가야 한다. 작은 돌 부스러기는 그 과정에서 만나는 사람과의 관계에서 맞이하는 소소하고 하찮은 일이 아닐까.

　일생을 사는 동안 부모, 형제 같은 가족과의 이타적인 만남, 친구, 지인, 동료, 이웃과의 호혜적인 만남을 비롯해 사회생활을 통해 만나는 이해 관계적인 수많은 사람과의 만남과 관계를 맺는다. 그들은 나에게 어떤 존재이며, 나 또한 그들에게 어떤 존재이어야 할까. 서로에게 도움과 힘이 되고 의지할 수 있는 그런 관계가 바람직하겠으나 그렇지 못한 경우도 많이 있다. 다 그만한 사정이나 이유가 있어서가 아니라, 사소한 오해 또는 별것 아닌 일, 마치 신발 속에 끼어드는 작은 돌 부스러기 같은 하찮은 일 때문에 서로 미워하거나 관계가 단절되는 경우도 많다. 조금만 이해하고 배려하면 그만인 층간소음 같은 일로 자신과 상대에게 돌이킬 수 없는 결과를 초래하는 일도 종종 보고 듣는다. 탐험가의 여정보다 몇십 배, 아니 몇백 배 소중한 삶이라는 단 한 번뿐인 대장정에 나 자신이 상대에게 하찮은 작은 돌 부스러기 같은 존재가 되거나, 그런 이유로 삶이란 대장정을 접어야 하는 일은 결코 없어야 할 것이다.

고스톱을 치고 싶다

어릴 적 동네 친구들과 놀다 보면 어둑할 때까지 시간 가는 줄 몰랐다. 어머니가 밥 먹으라고 부르시면 그제야 놀이를 끝냈다. 술래잡기, 비석 치기, 구슬치기, 자치기, 오징어 게임으로 널리 알려진 딱지치기, 무궁화꽃이 피었습니다 등이 그 시절 즐겨한 놀이였다. 성인이 된 후로 많이 접했던 놀이는 '고스톱'이다. 성인을 대상으로 할 줄 아는 놀이의 순위를 매긴다면 고스톱이 1위를 차지할 것이다.

코로나 팬데믹 이전까지 친구, 동료, 친지들과 만나면 으레 고스톱을 쳤고 둘러앉을 공간만 있으면 누가 먼저랄 것도 없이 고스톱판을 벌였다. 도박으로서의 고스톱이 아닌 친목·교류의 수단으로 지금처럼 즐길 거리가 풍족하지 않은 시절에 가벼운 즐길 거리 킬링타임용으로 고스톱이 성행했었다. 늦은 일과 후 식당에 가면 방마다 고스톱판이 벌어져 있는 풍경이 낯설지 않았다. 또 회식이나 야유회, 승진 등을 빌미로 어울리는 기회만 있으면 즐겼을 만큼 우리 일상에 스며든 고스톱이었다. 젊은 세대는 카드 게임을 더 선호했으나 대세는 고스톱이었다. 지금도 노인의 쉼터이자 사랑방인 경로당에서 삼삼오오 둘러앉아 10원짜리 동전을 주고받으며 고스톱을 치며 소일하는 광경을 어렵지 않게 볼 수 있다. 컴퓨터 사용이 일반화되고 인터넷이 우리 일상 깊숙이 자리 잡고 스마트폰 보급률이 세계 1위인 지금의 초·중·고생을 비롯한 젊은 세대는 어려서부터 컴퓨터를 접했기에 스타 크래프트, LOL 같은 컴퓨터 게임이 더 익숙하나 그래도 고스톱 인구를 능가하지 못할 것이다.

70년대 초반 직장인이 된 후 퇴직까지 40년 가까운 사회생활에서도 가장 흔했던 직장인의 놀이문화 역시 고스톱이었다. 주 5일제 시행 전, 토요일 일과가 끝나면 부서마다 고스톱판이 벌어지곤 했다. "고스톱 한판 해야지." 또는 "손금 한 번 보셔야죠." 아니면 "동양화 그림 공부해야지." 하는 다양하고 은유적 표현의 상사 또는 부하 직원의 말에 못 이기는 척 또는 기다렸다는 듯 "좋지." 또는 "좋습니다." 하며 책상 맨 아래 서랍 또는 캐비닛 깊숙이 보관해 둔 화투를 꺼내와 방석을 뒤집어 놓고 고스톱판을 펼쳤다. 시작할 때 먹기 세 판 또는 딱 일 년만 한다고 해도 지켜지는 일은 거의 없다. 세 판이 삼십 판이 되고 1년이 3년 넘어 5년이 되어도 별다른 이의를 제기하지 않는다. 짧게는 한두 시간이요, 길게는 밤늦은 시간까지, 드물게 밤을 밝히는 일도 있었다. 식사는 주로 중국 음식을 배달시켜 해결한다. 식사 주문을 비롯한 먹고 난 그릇 정리는 의당 고스톱판 최하급자 막내의 몫이다. 월요일 출근 후 밤늦도록 고스톱을 한 사실을 안 부장님의 꾸지람쯤이야 괘념치 않는다. 부장님 역시 고스톱 동지이고 더러는 늦은 밤의 동반자이기 때문이다. 고스톱에 얽힌 일화는 책 한 권으로 부족하리라. 고스톱을 해본 사람이면 한두 가지 에피소드가 없지 않을 것이며 이를 모으면 백과사전 두께도 될 것이다. 이처럼 고스톱은 서민의 삶 속에서 함께 해 온 대표적인 놀이문화였다. 그런데 이런 고스톱을 즐겨 본 지가 언제인지 가물거린다.

잃어버린 2년이었다. 또 앞으로 이 미증유의 수렁에서 언제 빠져나올 수 있을지 아무도 장담하지 못한다. 1차, 2차 두 번만 집종하면 되는 줄 알았던 백신도 부스터 샷이라는 3차 백신까지 맞았음에도 주위에 돌파 감염자가 한둘이 아니다. 인간의 무절제한 환경과 생태계에 대한 파괴행위에 대적하는 그들의 반격에 인간이 대가를 치르고 있다. 앞으로 몇 차례나 더 백신을 맞아야 할지, 오미크론, 델타크론, BA1.2.5 등 얼마나 많은 변이 바이러스가 우리의 삶을 위협할지 누구도 감히 예단하지 못한다.

잃어버린 것이 많은 2년이었다. 초등학교에 입학한 외손녀는 봄 소풍, 가을 운동회는커녕 친구와 운동장에서 뛰노는 법을 익히지 못했다. 인고의 3년 세월을 견뎌내고 대학 새내기가 된 조카는 MT는 고사하고 교수님, 동기생들의 얼굴 한 번 보지 못했다. 착하고 선한 국민 또한 예외가 아니다. 세계가 감탄한 선진 국민 의식으로 방역 정책에 부응했건만 무엇이 잘못되고, 누구의 잘못인지 아직 깜깜한 터널 속에 있다. 이웃과 동료도 얼굴을 마스크로 얼굴을 가리고 있어 옆에 있어도 알아보지 못하는 웃픈 현실에 살고 있다.

소소한 일상이 이리도 그리워질 줄 몰랐다. 늘 가까이에 있었고 문만 열고 나가면 오늘도 어제처럼, 내일도 오늘처럼 마주 할 수 있는 그 일상의 소중함을 몰랐다. 지금도 눈에 선하고 그립다. 삼삼오오 둘러앉아 소주잔, 맥주잔 부딪히며 웃고 떠들며 고스톱을 치던 그 시절 그 모습이…. 언젠가는 오고야 말 그날이 오면 그들과 함께 고스톱을 치며 손에 쥔 화투를 군용담요 위로 힘껏 내리치며 목청껏 소리치고 싶다. 못 먹어도 '고'라고….

명자, 아끼꼬, 필자

　초등학교 시절 아버님이 기거하신 안방에는 키 높은 책상이 하나 있었다. 가끔 그 책상에서 큰누님이 보던 책이나 월간지를 뒤적이다 보면 '필자'라는 이름이 자주 눈에 띄었다. '필자'는 책이나 잡지에서뿐만 아니라 누님이 오려 둔 신문 기사에도 종종 볼 수 있었다. 특히 자전적 이야기, 르포, 여행기, 사진 및 기획 탐방 취재 등의 기사에서 필자란 이름이 거의 빠지지 않고 등장했다. 그럴 때마다 '우리나라에는 '필자'라는 이름을 가진 사람이 참 많은가 보다.' 하고 생각했다.

　신문, 잡지 등 게재된 기사에 단체 사진이 게재되면 사진 아래에는 반드시 왼쪽 또는 오른쪽 혹은 앞줄 오른쪽에서 몇 번째가 '필자'라는 설명이 동그란 점선이나 화살표로 표시되어 있었다. 그런 생각과 함께 '필자'는 분명 여자 이름인데 사진 속의 표시된 인물은 남자이기에 '무슨 남자 이름을 여자 이름처럼 지었나?' 하는 의문도 들었다. 그 많은 철수, 영수, 창수 같은 이름이나 요즘 뉴스에 많이 오르내리는 동훈, 흥민, 하성 처럼 누가 봐도 남자임이 분명한 이름이 많은데 왜 하필 여자 이름처럼 '필자'로 지었을까 했다. 초등학교 시절의 동급생이나 누님 친구 중에 '명자, 숙자, 말자'처럼 '자'로 끝나는 이름이 많았기에 당연히 필자는 여자라고 생각했으나 정작 필자라는 이름을 가진 여성은 주위에서 찾아보기 어려웠다. 나중에야 그 뜻이 글쓴이, 필자(筆者)를 말하는 것이고, 여자 이름에 '자'가 많은 것이 일제 36년 치하의 산물인 것을 알게 되었다.

'필자라는 이름이 왜 이리 많을까?', '왜 남자에게 여자 이름을 지어주었을까?' 하는 의문을 가지게 된 이유는 단순했다. 주위에 '자'로 끝나는 여자 이름이 너무 많았기 때문이다. 어릴 적 옆집 할머니가 일하는 누나를 부를 때도 늘 "자야" 또는 "자야, 어딨노?"라고 큰 소리로 부르던 것을 담 너머로 자주 들었다. 그 누나의 이름은 '경자'였다. 그러나 '자야'는 경자 누나만의 '자야'가 아니었다. 앞집, 뒷집, 옆집 등의 이웃집에 보통 한 명의 '자야'가 있었다.

여자 이름에 아들 '자'를 붙인 것에 대해서도 어렴풋이 동양의 남아선호사상 때문인가라는 생각만 했을 뿐 정확한 이유를 알지 못했다. 한자 '자'는 일본식 발음으로 '꼬(코)'로 읽힌다. '아끼꼬' '하루꼬' '마사꼬'는 '명자' '춘자' '정자'의 일본식 발음이다. 일본에서 여자아이의 이름에 '자'가 많은 이유가 子를 분리하면 一과 了(마칠 료)가 되므로 숫자 1에서 끝까지 인생을 완성할 수 있다는 뜻과 '사랑스럽다', '아이를 출산한다.' 등의 의미가 있다고 해서 선호했다는 것은 나중에 알았다.

어릴 적, 여자아이 이름에 많이 쓰인 것은 '자' 외에도 '희, 숙, 순'이었다. 한자로 '계집 희, 맑을 숙, 순할 순'의 뜻을 가진 이름으로 짓는 것은 여자임을 나타내거나 또 여성스러움과 성품이 맑고 온순하길 바라는 그 시절 부모님의 바람이 반영된 것이 아닐까 싶다. 드문 경우이나 필자라는 이름의 여성도 오랜 직장생활을 하는 동안 한 명 있기는 했다.

이름은 태어나기 전, 후에 지어져 타인과 구별되고 사는 동안 그 이름으로 불리다가 죽은 후에는 그 사람의 정체성을 대신한다. 태어난 자식이 훌륭한 사람이 되길 바라는 부모의 마음이야 동서양이나 고금(古今)인들 무슨 차이가 있을까. 그러기에 태어난 자식에게 그런 바람이나 기대를 담은 좋은 이름을 짓는데 신중하며 고심하는 것이리라.

요즘은 여자아이 이름이 '자'로 끝나는 경우를 거의 찾아

볼 수 없다. 한때, 순우리말로 자녀들의 이름을 짓는 것이 유행하던 시절이 있었다. 사랑, 빛나, 한별 등이 순수 우리말 이름이다. 이미 성인으로 사회 각 분야에서 활발한 활동을 하고 있기에 그런 이름을 가진 사람이나 관련한 기사를 접하는 것도 그리 어렵지 않다. 지금도 아름답고 고운 우리 말 이름을 가진 아이들이 많다. 대대로 내려오는 집안의 관례나 혈족 간의 항렬에 따라 이름을 짓거나, 시대의 흐름에 따른 이름을 지은들 어떠랴. 자식의 이름을 짓기 위해 고심했던 그때의 심정으로 자식을 양육하고, 그런 부모의 마음과 기대에 부응하는 자식이 되기 위해 노력함이 어우러질 때 이름을 짓고 또 부여받은 의미가 있을 것이다.

수필 쓰기에 딱 좋은 시간

　개인의 성향과 습관에 따라 글 쓰는 시간과 시간대는 각기 다르다. 밤의 적막이나 고요함을 선호하거나, 이른 새벽이나 아침의 맑은 정신일 때 또는 시간에 구애됨이 없는 이도 있을 것이다. 서금복 수필가의 저서 중 『수필 쓰기에 딱 좋은 사람들』이란 제목의 수필집이 있다. 제41회 한국수필문학상을 받은 수필집이다. 오랜 기간 많은 제자를 지도, 양성한 경험에서 우러나온 글과 제목이라 생각하였다.
　수필 공부를 한 지 불과 2년, 아직 내 책 한 권 없는 나로서는 가히 접근할 수 없는 제목이다. 지금의 나에겐 '수필, 쓰기에 딱 좋은 사람들'이 아닌 '수필 쓰기에 딱 좋은 시간'이라는 제목의 글 한 편 정도가 어울릴 것 같다.
　글쓰기를 시작한 후 늘 아쉬움을 느끼는 것은 글 쓰는 시간을 마음만큼 갖지 못하고 또 일정하지 않다는 점이다. 아직 직장인의 신분이기에 주로 퇴근 후 밤이나 주말에 글을 쓴다. 주위가 어수선한 낮보다, 밤의 적막함이 글쓰기에 몰입하기 용이하고 주말은 시간적 여유로움이 마음도 여유롭기 때문이다. 평일 밤의 글쓰기는 시간적인 제한이 있다. 직장 일의 잔상과 또 다음 날 출근해야 하는 현실 때문이었다. 한동안 이른 새벽 시간에 글을 쓰기도 했다. 이점도 있었으나 이 또한 안착시키지 못했다. 오로지 글쓰기를 위한 시간 확보와 정형화된 일상을 유지하지 못한 채 시간에 쪼들리듯 글을 쓰는 패턴에서 아직 벗어나지 못하고 있다. 비교적 주말 글쓰기에 의존하고 있으나 주말이 갖는 특성상 마음만큼 시간 내기가 쉽지 않다.

  일정한 글쓰기 시간 확보가 쉽지 않아 어떻게 개선해 볼까 고민하다 시간을 가리지 않고 틈날 때마다 글을 쓰거나 다듬는 시간을 가져보기로 했다. 특정 시간을 정하기보다 짬짬이 단 몇 줄의 글이라도 쓰거나 수정하는 시간을 가져보려 함이었다. 하루 두세 차례 정도 글을 들여다볼 기회가 있고, 또 주말이 아니라도 글을 대하는 횟수는 늘었으나, 규칙적이지 못함에 글을 쓰는 속도, 집중력, 양적인 면에서 기대에 미치지 못하였다.

  숙면을 하는 것이 건강에 좋고 집중력 발휘에 도움이 된다는 것은 모두의 상식이다. 나이가 들며 예전처럼 깊은 숙면을 하지 못하고 가수면 상태나 토막잠을 이루는 상태가 일상이 된 지 오래다. 다소 염려되기도 하나, 노화에 수반하는 현상으로 받아들인다. 때론 토막잠과 숙면을 이루지 못함이 글쓰기에 도움이 된다.

  영상 제작 일을 하는 아들의 귀가 시간은 항상 늦다. 밤 열두 시 전 귀가와 그 후의 귀가가 반반 정도다. 현관과 붙어 있는 방을 쓰기에 새벽 한 시가 넘거나 두, 세시 경 귀가하는 아들이 현관 키 비밀번호를 누르는 소리에 잠을 깬다. 숙면에 들지 못한 상태이기 때문이다. 늦은 귀가를 맞이해 주는 것도 자식에 대한 마음을 표현하는 일이기도 하기에 대수롭지 않게 여긴다. 이 습관이 글쓰기에 도움 되기도 한다. 잠이 깬 김에 한두 시간 글쓰기를 한다. 드문 경우이나 새벽을 맞이할 때도 있다. 개운하지 않은 몸으로 하루의 일과를 마치고 귀가하면 가벼운 식사 후 밀려오는 피곤함에 자리에 든다. 그리고 습관처럼 어제 잠을 깬 시간대에 눈을 뜬다. 결국 현재의 생활방식에 변화가 없는 한 고정된 글쓰기 시간을 확보하는 일이 마음만큼 쉽지 않은 생활을 이어가고 있는 상태다.

전업 작가는 하루 얼마만큼의 시간을 글쓰기에 할애하고 있을까? 온종일 글을 쓸 수 있는 여건에 있다고 하여 글을 많이 쓰는 것일까 하는 물음에는 꼭 그렇지는 않을 것이라는 생각이다. 오롯이 자신만의 시간이 많다고 하여 글을 욕심껏 쓸 수 있는 것은 아니리라. 그렇다면 글을 언제 쓰는 것인가? 하루 중 깨어있는 시간, 바깥이 밝으면 글 쓰는 시간을 갖기 어렵다. 일하기 때문이라는 궁색한 변명을 앞세워 본다. 블로그, 카페에 저장해 둔 글을 잠시 들여다보는 정도이다. 그러나 지금까지의 경험으로 빠듯한 시간 속에 글을 쓴 일이 더 많았다. 결국 정해진 글쓰기 시간을 확보하기가 쉽지 않은 만큼 차라리 밤과 낮을 구분하거나, 특정 시간을 따로 두지 않고 기회 있을 때마다 글을 쓰는 것이 현명하지 않을까 싶다. 선생님처럼 경륜에서 우러나오는 울림이 있고 공감이 가는 글을 쓰기에는 너무나 부족함이 많다. 현재의 생활방식도 쉽게 바꿀 수 있는 여건이 안 될 바에야 따로 정해 놓은 시간에 글을 쓰기보다 밤이든 낮이든, 집이든 사무실이든 가리지 말고 글쓰기를 해보자 마음먹는다. 배워야 할 것, 메꾸고 채워야 할 것이 많은 신인에게 글쓰기, 수필 쓰기에 딱 좋은 시간이란 따로 없다. 하루 중 어느 때, 어느 곳에서든 자판을 두드릴 수 있는 그 시간이 수필 쓰기에 딱 좋은 시간이라고 정의해 본다.

연식(年食)이 오래되어

　무릎이 시큰거린다. 이런 증상을 느낀 게 열흘쯤 되었다. 운동화 끈을 묶고 일어설 때 왼쪽 무릎 좌우로 당기는 느낌과 오금에 찌릿한 통증을 느꼈다. 무엇을 짚거나 붙들지 않으면 다시 일어서기가 불편했다. 전에도 가벼운 증상이 없진 않았다. 그럴 때마다 무릎에 충격을 받았거나 시큰거릴 만한 실마리가 될만한 일도 없었기에 곧 괜찮아지겠거니 했다. 다행히 바람대로 며칠 지나면 증상이 사라졌다. 이번에도 그러려니 했으나 생각 외로 통증의 정도가 조금씩 더해갔다. '왜 이러지?' 하며 약장을 뒤져 파스를 붙이고 연고도 발라보았으나 별 차도가 없었다. 며칠 더 지나자 움직일 때 통증이 더해 걸을 때 약간 절뚝거려야 했다. 내일이 토요일이니 목욕탕에 가서 뜨거운 탕 속에서 온찜질을 해주면 좀 나아지려나 했다.

"소장님, 식사하고 하시죠." 하는 소리에 벌써 시간이 그리 되었나 하며 일어섰다. 사무실을 나서며 반장에게 무릎 얘기를 했다. "이러다 말겠거니 했는데 이번에는 좀 오래가네요. 특별히 충격받은 일도 없는데…"라는 내 말에 나이 동갑인 반장이 빙긋이 웃으며 답한다. "소장님, 연식이 오래돼서 그래요. 연식이 오래되면 하나둘 고장이 나게 마련입니다." 연식이란 말에 직원들과 함께 웃었으나 마음속으론 '그래서일까?' 하는 생각이 들었다. 지금까지 특별히 아픈 곳 없는 건강 상태를 유지해 왔다. 오십 대에 찾아온 노안이 첫 번째 노화 증상이었고 그 후 녹내장 판정으로 안압을 낮춰주는 약물 투여와 눈 혈관의 혈류 개선에 도움이 된다는 약을 먹은 지 십여 년이다. 친구들보다 이삼 년 늦게 찾아온 전립선 이상으로 작은 알약 하나를 매일 먹고 있으나 다행히 혈압, 당뇨, 인지장애 등은 아직 정상이다. 최근 잦아진 깜박 증상이 좀 염려스럽긴 하나 육체적으로는 비교적 건강함을 유지하고 있는 상태였다.

평소 한약, 양약을 불문하고 약 먹는 일과 병원 출입에는 익숙지 않았다. 술과 친하지 않았고 부모님에게 물려받은 가족력이나 지병도 없다. 자연치유를 신봉하는 것은 아니나 화학제 성분인 약과 약물에 의존하는 것에 대한 막연한 거부감이 있었다. 양약의 효능을 무시하거나 가벼이 보는 것은 아니다. 약을 먹지 않으면 사나흘 고생하는 증상도 약을 먹거나 주사 맞으면 하룻밤 새 눈에 띄게 호전되는 경험도 했다.

나이와 비례하는 면역력 저하에 따른 증상과 질환으로 잦은 병원 출입을 하거나 여러 종류의 약을 먹는 사람이 주위에 적지 않다. 형님도 그중의 한 사람이다. 재직 시 업무상 잦은 술자리가 퇴직 시까지 지속되었다. 그 노력으로 연속 적자인 회사를 흑자로 만들어 사장 표창과 포상 등 공로는 인정받았으나 그로 인한 후유증은 퇴직 후 오롯이 형님 혼자 감당해야 했다. 방에 있는 약봉지 수만큼 아픈 곳이 많다. 아니 안 아픈 곳이 없다 할 정도다. 형님처럼 내 주변의 그런 증상을 가진 이들은 과거 본인이 즐겼거나 불가피했든 간에 술자리가 잦았던 공통점이 있다. 이런저런 증상으로 부은 얼굴로 한 움큼씩 약을 먹는 모습에 안타깝기도 하고 걱정도 된다. 한 군데 불편한 증상을 다스리기 위해 개발된 약이다. 이 약 저 약을 같이 먹으면 체내에서 약의 성분끼리 충돌하여서 되려 부작용이 생기는 경우가 있지 않을까 하는 걱정에 약을 좀 줄이고 물을 자주 마시고 걷기운동이라도 꾸준히 해야 한다는 잔소리만 늘어놓는다. 신체 기능이 퇴화하고 사용 연한에 다다랐으니 본래의 기능이 예전 같지 못함은 당연하기에 병원 출입과 약에 의존하는 것은 피할 수 없다. 자동차의 부품을 정기적으로 점검하고 교체해 주면 새 차와 같은 성능을 유지하나 그게 사람에게 가능한 일이 아니지 않은가. 교체 가능함과 불가능함이 기계와 사람의 차이점이다. 팽팽하던 이삼십 대의 피부가 나이가 들수록 탄력이 떨어지고 주름지는 것은 자연적인 현상이다. 의료 및 미용 기술의 발전과 함께 피부나 신체 장기의 원래 수명과 기능을 더 연장하고 유지함이 부분적이나마 가능해진 시대에 살고 있음이 그나마 다행스럽다.

동네병원에서 무릎에 물이 차 있다는 진단을 받았다. 아니, 무릎에 물이 차다니…. 내가 무슨 조기 축구회원도 아니고 라이더나 바이크족, 등산 마니아도 아닌데 무릎에 물이 차다니…. 생전 처음 겪는 일이다. 고인 물을 주사기로 뺄 것인지 마르게 할 것인지 의사가 묻고는 한 번 빼면 계속 빼야 하니 일단 마르게 해보자는 말에 그러라 했다. 간단한 시술과 의료보험 적용이 안 되는 무슨 충격파 치료를 십오 분 가량 받고 의료보험 수가 외 칠만 원을 더 계산하였다. 이차

면담에서 의사는 무릎 주변 근육의 단련이 필요하다며 걷기보다 계단 오르기를 권했다. 일주일에 두 번이 바람직하나 최소한 한 번은 와야 하고 몇 주 더 치료를 받으라는 의사의 말을 귓등으로 흘려듣고 병원문을 나왔다. 나이 들면 아픈 재미로 산다고 한다. 살아온 세월만큼 신체 각 부위의 연식이 오래되었음을 어찌하랴. 피하고 싶다고 피할 수 있는 선택사항이 아니기에 받아들이기로 마음먹었다. 한결 부드러워진 무릎을 쓰다듬으며 나지막이 마음을 전해본다.

의사가 괜찮단다. 이만하길 다행이다. 그동안 네게 무심했는데 한 번도 말썽부리지 않고 굳건히 버텨준 네가 대견하고 고맙다. 오른쪽은 멀쩡하다 하니 그것 또한 감사하고 고마운 일이다. 지금까지 잘 버텨온 것처럼 앞으로도 한 십 년만 더 버텨주려무나. 그때쯤이면 여러 일이 정리된 후일 테니 좀 아파도 괜찮을 것 같구나.